LUMINAIRE

光启

守望思想　逐光启航

对女性的恐惧

女巫、猎巫和妇女

Witches, Witch-Hunting, and Women

〔意〕西尔维娅·费代里奇
Silvia Federici
著

陈超颖 译

上海人民出版社

LUMINAIRE BOOKS
光启书局

编者序

这套丛书所收录的作品涉及非常广泛的内容：从近代西方的机械主义传统到欧洲的猎巫史，从植物的性别研究到资本主义原始积累，从少数群体的暴力反抗史到西伯利亚地区的泛灵论，从家务劳动到陪伴我们的物种……这些议题之间，有什么共同之处？它们在什么意义上能构成一个整体？

事实上，对于大部分的单册，我们都可以提出"统一性"或"整体性"的问题。尽管它们都是"学者"之作，但习惯于"学术分类"的读者，第一感觉很可能是不着四六。隆达·施宾格（Londa Schiebinger）的《自然的身体》涉及17—18世纪欧洲的分类学研究与厌女思想之间的关系；在唐娜·哈拉维（Donna Haraway）的《伴侣物种宣言》中，我们会看到"狗与人类的共生史"与"全球战争"这样的问题被同时提出；在娜斯塔西娅·马丁（Nasstasja Martin）的《从熊口归来》中，作者被熊袭击的自述与她的田野日志交织在一起……不仅每一部作品都涉及通常在"学科"内部不会去混搭的问题，而且学科归类本身对于绝大部分的作品来说都是无效的。在西尔维娅·费代里奇（Silvia Federici）的作品中，我们都可以看到作者在严谨的哲学分析、耐心的史学调查，以及尖锐的政治经济批判之间切换自如；埃尔莎·多兰（Elsa Dorlin）对于暴力史的重构，同时是对于经典与当代政治学的解构；而在阅读凡希雅娜·德普莱（Vinciane Despret）对于动物行为学的方法论分析的过程中，读者所获得的最大乐趣很可能在于与意识形态批判和伦理学探讨的不期而遇。

看起来，唯一可以为这些作品贴上的标签，似乎只能是不按常理出牌的"先锋"或"激进"思想。或者，我们借此丛书想要进行的尝试，是令"学术大众化"，令之更"吸睛"？——是也不是。

让我们回到对学术作品有所涉猎的读者可能会有的那种"不着四六"的最初印象。这种不适感本身，是我们所处世界的一种典型症候。这是一个价值极度单一的世界。效率与效益是它衡量一切的尺度。人与物、人与事都以前所未有的方式被标准化，以特定的方式被安插到一个越来越精密、越来越无所不包的网络中。文化产品像所有的产品一样，思想生产者像所有的生产者一样，被期待以边界清晰的方式贴有标签。

关于这样的世界，学者们诟病已久。无论是"生命政治""全球资本主义"，还是"人类纪"这些术语，都从不同的角度将矛头指向一套对包括并首先包括人在内的一切进行工具化、标准化与量化，以求获得最大效益的逻辑。这些"现代性批判""意识形态批判"或者说"批判理论"纷纷指出，这种对于"不可测""不可计量""不可分门别类"，因而"不可控""不可开发／压榨"（exploit）的东西的敌意与零容忍，是在行挂羊头卖狗肉之事：以"发展""进步""文明"之名，实际上恶化着我们的生活。

尤其是其中的一种观点认为，这样的"现代社会"并没有也不可能履行现代性的承诺——更"自由"、更"平等"、更有"尊严"，反而在它的成员之间不断加剧着包括经济上的剥夺—剥削与政治上的统治—服从在内的不公正关系。"学院"里的人将此称作"正义理论"。当卢梭的《论人与人之间不平等的起因和基础》以如下论断作为全篇的结论——当一小撮人对于奢侈品贪得无厌，大部分人却无法满足最基本的需要时，他一定不曾预见到，这番对于当时处于革命与民族国家诞生前夕的欧洲社会现状的控诉，居然在现代化进程声称要将它变成历史并为之努力了近300年之后，仍然如此贴切地描绘着现代人的境遇。

如果说这应该是今天"正义理论"的起点，那么包括本丛书编者在内的，在学院中从事着"正义理论"研究的学者，都多多少少会受困于一种两难：一方面，像所有的领域一样，"学术"或者说"思想"也是可以并正在以空前的方式被标准化、专门化、量化、产业化。我们的网，由各种"经典"与"前沿"、"范式"与"路径"、"史"与"方法"所编织，被"理性""科学"这样的滤网净化，那种为了更高的效率而对于一切进行监控与评估的逻辑，并不因为我们自诩接过了柏拉图或孔夫子的衣钵，自以为在追问什么是"好的/正当的生活"这一古老的问题，而对我们网开一面。这个逻辑规定着什么样的言论是"严肃"的、"严谨"的、"专业"的，也即配得上"思想"之美名的。而另一方面，"正义理论"中最常见的那种哲学王或者说圣贤视角，在企图拿着事先被定义好的、往往内涵单一的"公正"或"正确"去规定与规划一个理想的社会时，在追求"正统""绝对"与"普世"的路上，恰恰与上述"零容忍"的逻辑殊途同归。所幸的是，哲学王与圣贤们的规划大多像尼采笔下那个宣布"上帝死了"的疯子一样没有人理睬，否则，践行其理论，规定什么样的"主体"有资格参与对于公正原则的制定，什么样的少数／弱势群体应该获得何种程度的补偿或保护，什么样的需求是"基本"的，等等，其结果很可能只是用另一种反正义来回应现有的不正义。

对于困在"专业"或"正统"中的我们而言，读到本丛书中的每一部作品，都可以说是久旱逢甘露。"现代性"的不公正结果是它们共同关心的问题，但它们皆已走出上述两条死路。它们看似的"没有章法"并非任意为之的结果，而恰恰相反，是出于一种立场上的高度自觉：对于居高临下的圣贤视角，以及对于分门别类说专业话的双重警惕。

本丛书名中的"差异"，指的是这一立场。在"法国理论"与"后现代主义"中成为关键词的"差异"，并不简单地指向与"同一"相对立的"另类"或"他者"，而是对于"同一""边界"乃至于"对立"本身的解构，也即对于任何计量、赋值、固化与控制的解构。"差异"也是本丛书拒绝"多元"或"跨学科"这一类标签的方式——它们仍然预设着单一领域或独立学科的先在，而我们的作者们所抵制的，正是它们虚假的独立性。

作为解构的差异，代表着西方正义理论半个世纪以来发生的重大变化：它不再将统一的"规划"视作思考正义的最佳方式。"解构"工作中最重要的一项，可能也是我们所收录作品的最大的共同点，在于揭示上文所提到的那种受困感的原因。为何包括学者或者说思想家在内的现代人，越是追求"自由""平等"这样的价值，就似乎越是走向"统治"与"阶序"这样的反面？这一悖论被收录于本丛书的埃尔莎·多兰的《自卫》表述为：我们越是想要自卫，就越是失去自卫的能力与资格。（当然，正在阅读这些文字的读者以及我们这些做书之人，很有可能因为实际上以这样或那样的方式处于优势并占据主导，而应该反过来问：为什么我们越是不想要施加伤害、造成不幸，就越是会施加伤害、造成不幸？）

借用奥黛丽·洛德（Audre Lorde）的话来说，这一悖论的实质在于我们企图"用主人的工具掀翻主人的房子"，到头来很可能又是在为主人的房子添砖加瓦。差异性解构的最重要工作，是对于这些工具本身的解剖。它们不仅仅包括比较显而易见的价值观或意识形态，而且尤其包括作为其基质的一系列认识方式。彼此同构，因而能够相互正名的认知模式，价值认同模式与行动模式一起构成了布迪厄所称的"惯习"（habitus），它同时被社会现实所塑造又生成着社会现实。因此，对于这三种模式，尤其是看似与社会关系无关的认知模式的考量，才能最彻底地还原出主人工具的使用说明书。

就此而言，我们所收录的作品确实可以被称作"激进"的。但这种激进不在于喊一些企图一呼百应的口号，而在于重新揭示出现代"学术"与"思想"所分割开的不同领域（科学与伦理、历史叙事与政治建构）之间的"勾搭"：现代科学所建立的一整套"世界观"直接为现有的社会秩序（包括不同地域、性别、阶层的人之间，乃至于人与非人、人与环境之间的规范性关系）提供正当性保证。这是因为"科学研究"总是以一定的范式，也即福柯所谓的"知识型"展开，而这又使得科学家的科学研究实际上常常是"正常"/"正当"的社会关系在"自然"对象上的投射过程。将"中立"的科学与总是有立场的政治分开就是主人工具中最主要的一个，而重现发掘它们的默契，是我们的作者最主要的"反工具"。以唐娜·哈拉维为代表的越来越多的学者通过对于科学史的考量指出，被预设的人类特征成为"探索"不同物种的尺度（动物是否有意识，动物群体是不是雄性主导，等等），而这样的"研究成果"又反过来证明人类具有哪些"先天本性"。这样的循环论证无非有的放矢地讲故事，这些故事的"道理"（the moral of the history）无不在于现有的秩序是合理的——既然它有着生物学和演化论的依据。本丛书所收录的隆达·施宾格与凡希雅娜·德普莱的作品是这种"反工具"的代表作，读者能由此透过"科学"自然观与物种史的表象，窥见植物学与动物行为学研究是如何成为现代意识形态与权力关系的投幕的。当科学家们讲述植物的"受精"、物种的"竞争"时，他们是在以隐喻的方式复述着我们关于两性关系乃至人性本身的信仰。这种相互印证成为同一种秩序不断自我巩固的过程。机械的自然、自私的基因、适者生存的规律，都成为这一秩序的奠基神话。

通过丰富的例证，我们的作者提醒我们，在现代化进程中扮演着"启蒙"角色的"中立"与"客观"的"认识"，及其所达到的"普世真理"，其实质很可能并不是"认识"，而是故事或者说叙事模式，它们与现代人所想要建立的秩序同构，令这种秩序看上去不仅正当，而且势在必行。回到本文的开头，机械主义自然观、两性分工、实验室中的动物行为学、资本主义"原始"积累……这些议题之间有什么内在联系？其内在联系在于，它们都是一部被奉为无二真相的"正史"的构成要素。再回到全观视角之下的"正义理论"，它为什么很可能是反正义的？因为它恰恰建立在这种被粉饰为真理的统一叙事之上——对于人类史的叙述，乃至对于自然史的叙述。其排他性与规范性所带来的后果是与正义背道而驰的各种中心主义（"男性"中心主义、"西方"中心主义、"人类"中心主义……）。

既然如此，那么当务之急，或者说最有力的"差异化"/"反工具"工作，是"去中心主义"，也即讲述多样的，不落入任何单一规律的，不见得有始有终，有着"happy end"的故事。费代里奇曾转述一位拉丁美洲解放运动中的女性的话："你们的进步史，在我们看来是剥削史。"凡希雅娜·德普莱不仅揭示出以演化心理学为代表的生物还原论的自欺欺人之处，而且通过将传统叙事中的"竞争""淘汰"与"统治"预设替换为"共生"预设，给出了关于动物行为的全然不同，但具有同等说服力的叙述模式。

在尝试不同叙事的同时，我们的作者都在探索其他共处模式的可能性，本丛书名中的"共生"，指的是他们所作出的这第二种重要的努力，它也代表着正义理论近几十年来的另一个重要转向。"共生"亦代表着一种立场：寻找

"社会"之外的其他交往与相处模式。近代契约论以来的"社会"建立在个体边界清晰，责任义务分明，一切都明码标价，能够被商议、交换与消耗的逻辑之上，也就是本文开头所称的，对于任何差异都"零容忍"的逻辑之上。这是现代人构想任何"关系"的模板。然而，"零容忍"很显然地更适用于分类与排序、控制与开发，而并不利于我们将彼此视作生命体来尊重、关怀、滋养与照料。

如果说，如大卫·格雷伯所言，资本主义最大的胜利在于大家关于共同生活模式的想象力匮乏，那么对于不同的共生模式的发现与叙述是本丛书的另一种"激进"方式。娜斯塔西娅·马丁笔下的原住民不再是人类学家研究与定性的"对象"，而是在她经历了创伤性事件之后渴望回归时，能帮助她抵抗现代社会所带来的二次伤害的家。"身份"在这里变成虚假而无用的窠臼。凡希雅娜·德普莱将"intéressant"（有意思的，令人感兴趣的）这一如此常用的词语变成她分析问题的一个关键抓手。当她将传统的"真""假"问题转换成"有意思""没意思"的问题，当她问"什么样的实验是动物自己会觉得有意思的？""什么样的问题是动物会乐意于回答的？""什么是对于每个生命体来说有意义的？"时，人与人、人与非人、来自不同物种的个体之间，总而言之，不同的生命体之间，豁然呈现出崭新的互动与应答方式。这一次，是"本质"这个对于科学如此重要的概念变成了认识的障碍。费代里奇近年来提出的"politics of the commons"则不仅仅是在强调无剥削无迫害的政治，更是在将快乐——令人快乐（joyful）这种不可量化也没有边界的情感，变成新的共生模式的要素。因为共生，首先意味着共情。

因此，我们的作者在激进的同时是具有亲和力与感染力的。读者一定会对于这些看似"学术"的作品的可读性表示惊喜。凡希雅娜·德普莱的文字是俏皮而略带嘲讽的，费代里奇的文字是犀利但又充满温度的，没有人会不为娜斯塔西娅·马丁不带滤镜的第一人称所动，这样的作品令绝大多数学术作品黯然失色。然而"可读性"并不是编者刻意为之的择书标准，毋宁说，它就是我们的作者的"共生"立场。从古代走来的"正义理论"最重要的转型正在于：有越来越多的"理论家"不再相信理论与实践之间的界限，更不再相信建立正义是一个教与学的过程。思想、写作、叙事对于他们而言都已经是行动，而分享故事，是共同行动的开端。这也是为什么，他们并不吝啬于让读者看到自己的困惑与试探。思想是有生命的，在他们的笔下，这种生命不被任何追求定论的刻板要求，不被任何"我有一套高明的想法，你们听着"的布道使命感所遏制。对于他们而言，思想展开的过程，与它的内容一样应该被看到。这样的思想可能是不"工整"的，可能不是最雄辩的，可能不是最方便于被"拿来"的，但一定是最能够撼动读者，令读者的思想也开始蠢蠢欲动、开始孕育新生的。面对这样的作品，阅读如此轻易地就能从"文化消费"中解脱出来，而变成回应、探讨、共同推进一些设想的过程。公正的思想不仅仅是思考"公正"的思想，而是将公正的问题，将"好的生活"的问题交到所有人手中的思想。

没有任何思想是无中生有的。"非原创"才是思想的实质。本丛书所收录的作品，也都"站在巨人的肩膀上"。作为解构的"差异化"工作始于 20 世纪六七十年代，揭示科学与政治貌离神合的关系的，中文读者已能如数家珍地举出福柯、拉图尔等"名家"。在我们的作者中，也有着明显的亲缘关系，例如从哈拉维到凡希雅娜·德普莱。而"共生"作为对于有别于"社会"的共同体模式的构想，也有其历史。女性主义中 sisterhood 的提法，以及格雷伯从经济人类学的角度所提出的"baseline communism"，都是关于它的代表性表述。可惜的是，巨人之上已经蔚为大观的这些"新正义理论"，在汉语世界中仍然无法进入大家的视野，仍然被排挤于各种"主流"或"正统"的思想启蒙之外。这些作品中有一些是一鸣惊人的，另一些早已广为流传并不断被译介。本丛书的三位编者，尹洁、张寅以及我自己，每接触一本，就感慨于如果在求学、研习与教学的路上早一点读到它，可以少走很多企图"用主人的工具掀翻主人的房子"的弯路。在引介思想的过程中摘掉一些有色眼镜，少走一些弯路，将对于共生的想象力种植到读者心中，这是创立本丛书的最大初衷。

谢 晶

2023 年 5 月于上海

目 录

第一部分
重思资本积累与欧洲猎巫运动

第二部分

资本积累的新形式和我们时代的猎巫运动

导 读

在 20 世纪六七十年代的美国，一些被后人归入"第二波"的女性主义者开始有意地把女巫的形象用作一种政治挑衅。按照费代里奇在《凯列班与女巫：妇女、身体和原始积累》中对当年论者的转述，纽约等城市的一些女性主义团体不仅明确地以女巫集会（coven）自居，而且以文字游戏的方式把"witch"展开为"来自地狱的女性国际恐怖主义阴谋"（Women's International Terrorist Conspiracy from Hell）——在那个仿佛无比久远的年代，"恐怖主义"一词还没有经受本世纪的再造。这些团体在一份传单中提出：

> 女巫向来都是敢于有勇气的、强势的、聪明的、不循规蹈矩的、好奇的、独立的、性解放的、革命的女性……女巫在每个女人身上生活和欢笑着。她是我

们每个人的自由部分……你若是女性的、桀骜不驯的、愤怒的、欢乐的、不死的，你就是女巫。[①]

尽管这里的自豪、激情洋溢和对旧制度的不屑是显而易见的，但是至少从激进的批判和革命的角度看，这番话依然未能摆脱政治上的暧昧和摇摆。与其他许多反抗群体一样，女性对独立和自由的争取不大可能单纯以温文尔雅的方式进行。相反，之所以反抗者必须做好暴力斗争的准备，是因为形形色色的压迫者从未忘记自己向来掌握了多种形式的暴力，就连装作忘记暴力、对暴力表示惊诧或遗憾这类姿态本身都不过是暴力的一种——反抗者的暴力从一开始就只是防御罢了。因此，倘若女巫集会没有分析可能的暴力运动并投身其中，那么不论多么尖锐的言辞都只会变成所谓的阅读体验，变成找到"真我"的满足，或者变成对语义的享受，最终在当权者、"严肃"学者和如今的人工智能对社会的病理诊断中变成一则材料。地狱必须有它独特的阵势。

1972年，30岁的费代里奇摆出了自己的阵势：她作为创立者之一参与了"为家务工作争取工资"（Wages for

---

① Silvia Federici, *Caliban and the Witch*, Autonomedia, 2004, 206.

Housework）的运动，并在三年后发表了《以工资反对家务劳动》一文。这场运动在 70 年代的许多发达国家是十分激烈的；到了 2021 年，她在新书《工资父权制：对马克思、性别和女性主义的评注》中仍然力图捍卫这场运动的基本原则。可见对费代里奇而言，女巫的道具不是神秘的、早已被流行文化吸纳的黑袍、魔杖和坩埚，而是以对工资的计算为后盾的有时诉诸暴力的运动。计算性和经济学不是注定要为秩序和治理服务的，而是可能成为地狱的全副武装之一。

这样一种基于计算的革命暴力既决定了费代里奇对马克思的吸纳，又决定了她对他的批评。按照马克思的理论，一般阶级社会中的剥削之所以可能，是因为劳动者的产出总体上大于劳动者的收入，而后者总体上等于劳动者为了维持生活、提升技能、调节情绪和生养后代而发生的消费。如果把前者称作生产，把后者概括为劳动者个人和群体的再生产，那么剥削的必要条件就是生产总体上大于再生产。在现代资本主义中，再生产的花费主要是由工资支付的，而包括国家在内的福利机构也会承担一部分。如果在简化的模型中不考虑福利机构，就可以说现代工人要用工资来应付生活、培训、娱乐和生养。这当中立刻出现了一个至关重要的对比：如果说在培训等许多再生产活动中，工人把一些工资支付给了相关服务的提供者，而把自己仅仅放在消费者的位置上，那么至少对于家务、性交、生养等再生产活动，工资的用途却一般只是购买相关的物品，仿佛没有发生任何人工费用。然而毫无疑问，倘若在家务、性交、生养等活动中并不是所有人都仅仅处在消费者的位置上，而是有人——在现实中显然以顺性别的女性为主——处在劳动者的位置上或兼有两个职能，那么按照经济常识，后者是有权获得报酬的，尽管同样按照常识，这样的权利仿佛并不存在。简言之，再生产中的一部分人工费用没有被考虑到，没有被纳入会计（即双重意义上的"unaccounted for"）。这也正是马克思本人所忽视的方面。

当常识发生自相矛盾，权利既存在又不存在时，常见的、体面的批判思路是通过证成合理的权利来建立正确或进步的常识，但这种自封的理性主义与费代里奇无关。与马克思一样，她不大理会基于权利的批判，而是以思想的彻底性指出了"为家务工作争取工资"的主张所隐含的激进结果：这份工资导致的远远不止让再生产中的无偿劳动变得有偿，从而改善大量女性的状况，而是迫使再生产无法廉价地完成，需要更高的花费，从而迫使社会的工资总额提高到对资本家阶级而言缺乏利润的水平（在注重福利的国家中，工资的这种提高可以替换为福利支出的增加，于是尽管资本的利润得到了保护，代价却是国家等机构的巨额负债）。总之，看似凡俗的会计问题一路通向对资本主义的颠覆：

> 然而应该清楚地看到，在为［家务工作的］工资而斗争时，我们并不是为了进入资本主义关系而斗争，因为我们从来没有处在这些关系之外……由此，为家务劳动争取工资之所以是一项革命性的要求，不是因为它本身摧毁了资本，而是因为它对资本的攻击会迫使其以对我们更有利的方式重组社会关系，从而更有利于阶级的联合。[1]

这一切意味着费代里奇并没有陷入经济主义或改良主义，虽然整个"为家务工作争取工资"的运动和其他类似的运动是更加复杂的。她也没有设定女性天生更加适合再生产领域的劳动，因为推翻资本主义将揭露和消灭一切劳动领

---

[1] Silvia Federici, *Wages against Housework*, Falling Wall Press, 1975, 5.

域所附带的性别、种族、地域的暗示。同时，她还巧妙地绕过了如何为再生产中的无偿劳动规定合理工资的问题（比如特别尖锐的以色情业为参照来规定性交价格的提议）。从她的思路出发，诸多不同的计算或计归（imputation）方法只要自身是连贯的和完整的，就不需要区分优劣，而是可以并存，因为它们提高社会的工资总额的效果是一致的。

进一步讲，即使在当今比较开明的环境中，再生产领域的劳动或许不再主要由女性承担，费代里奇的批判在原则上也没有被削弱。她在 2022 年的一次访谈中指出：

> 分担家务可能会改变与男性的关系——不必什么都由女性干，这也很好——但它不会改变与资本主义的关系，不会改变家务工作的价值丧失（devaluation）。同时，我们已经看到，有余裕的女性现在会雇用照管工人，大多是移民女性。[1]

"价值丧失"一词来自马克思的术语 Entwertung，它指的

---

[1] Silvia Federici & Rachel Andrews, "Interview", *The White Review*, 2022, https://www.thewhitereview.org/feature/interview-with-silvia-federici/.

是商品的价值以某种方式遭到了取消，比如家务工作没有被纳入会计。相反，一般所说的贬值（depreciation）指的是商品或通货的相对价格的下降，这只是市场中的一种普通现象。只要一部分再生产活动仍旧倾向于遭受价值丧失，工资总额就还能给利润和剥削留出更大的空间。不仅如此，费代里奇无疑正确地指出，再生产中的女性问题在开明的环境中远远没有消失，而是被置换到了从事家务的移民女性身上——不少地区和群体在只考虑"常规"人口时表现出的自由和进步完全可能建立在不将移民纳入考虑的基础上。这个视角似乎在很多时候已经成了激进左翼与包括多种体面的女性主义在内的主流左翼相区别的一个标志。

以上概述了费代里奇眼中的当下状况的某些方面。在激进的批判学者眼中，有吸引力的历史研究（这也许只占全部史学的一小部分）几乎总是当下的某种扭曲的、破碎的镜子，这面镜子可能呈现出有别于当下的另一条道路的萌芽，或当下的不被承认的起源，或当下难以实现却一直效法的样板。如果说很多人类学属于第一种，有些对灭绝营的研究属于第三种，那么《凯列班与女巫》和《对女性的恐惧：女巫、猎巫与妇女》大概属于第二种：与女巫在20世纪后期成为激进的政治形象这一过程相反，资本主义崛起的时代，即欧洲中世纪晚期和现代早期的一大主题被揭示为通过迫害女巫来迫使女性接受新的再生产职能。简言之，不是暴力反抗，而是暴力镇压。

从史学本身的角度讲，费代里奇强烈地质疑了一种流俗的进步观念，即认为现代在一切方面，比如在女性问题上总归好于前现代。然而，再生产中的无偿劳动被主要指派给女性这一情形似乎恰好是由早期资本主义推动的。这里的核心是对猎巫的考证：看起来极其迷信和野蛮的猎巫恰好主要发生在早期资本主义时代，而不是被视为更加落后的旧时代。具体地讲，《凯列班与女巫》聚焦于16—17世纪，《对女性的恐惧》则扩展到了15—18世纪。同时，至少就不列颠而言，猎巫兴盛的地区也是圈地运动流行的地区，即英格兰和苏格兰低地，而地产制度更加传统的苏格兰高地和爱尔兰并没有多少对女巫迫害的情况。圈地运动与猎巫的同时代性（coevality）显示出了马克思对前者的经典分析的不足。当圈地运动导致大量农村人口被迫离开土地、沦为无产者时，马克思发现正是"他们"为早期的雇佣劳动充当了廉价的工人，从而加速了资本的积累，但这里的"他们"恐怕主要是这些失地农民中的男性，而"他们"在劳动之余所需的再生产活动以更加廉价或无偿的方式落到了失地农民中的女性身上。当她们或多或少不能适应这个职能，乃至试图反抗时——正如男性无产者也时常反抗一样——就会出现各种规训和镇压，并在极端时借助猎巫的名义。总之，先前的女性未必惯于承担再生产中的无偿劳动，但是男性无产者向产业工人的转化同时要求她们向家务工人转化，而这些转化绝不是平和的。

费代里奇的这一叙述意味着女性斗争的史实必须得到同等的重视。倘若假定女性有史以来——或无始以来——总是以不计回报的家务工人为典范，那么围绕圈地运动之类的事件而展开的叙述就必定是男性遇到困局、男性进行反抗、男性遭到镇压或取得胜利。总之，全部戏剧仿佛只能发生在男性或积极的角色身上，而女性作为消极的角色始终在旁观。但若不理会这类想象中对积极与消极的划分（这既是性别的又是东方主义的，等等），女性就同样在各种戏剧中活跃，女性斗争的史实也可以在对历史过程的整体叙述中得到定位，而不是被当作零散的琐事，仅仅出现在不"严肃"的历史趣闻中。

从思维方式的角度讲，费代里奇探讨了女性职能的现代转化如何呼应了某些观念和形而上学的变更。例如，早期现代哲学中的内心与外物、头脑与身体的关系问题表面上是要思考内心或头脑与外物或身体如何相互影响，可是实际上，思考的重心似乎往往偏向于内心如何影响外物、如何驾驭外物、如何从外物中获得自由，等等。这种主导性的偏向在一定程度上正是因为双方是以性别化的方式被理解的，内心影响外物、头脑驾驭身体之类的说法隐含了压制女性的要求，有时还隐含了对压制的力度是否足够的担忧。当然，这种性别化还或多或少地适用于更多的二元对立，比如理智与情欲、人类与禽兽。于是，让·博丹（Jean Bodin, 1530—1596）、托马斯·霍布斯（Thomas Hobbes, 1588—1679）等人对猎巫的赞同看来并不是与他们的人性论相分离的；哲学家以世俗法庭不见得能明白、不见得感兴趣的方式支持了世俗法庭对女巫的制裁——这种支持大概是哲学家的保留节目了。

　　早期资本主义所执行的另一个观念上的重大变革是把自然界确立为有待利用的对象，比如有待占据、有待成为财产的土地和资源。这不仅导致了广为人知的对各种土著的暴行——因为他们的家乡被合法地当成无主的——而且在很多地区并不是与性别无关的：

　　　　由于妇女与生育过程的独特联系，许多前资本主义社会都认为妇女对自然界的秘密有特别的理解，这据说让她们得以掌控生死、发现事物的隐藏属性。……这正是当资本主义企图构造一个更机械化的世界观时，女性会遭到首要打击的原因之一。对自然世界的"合理化"——这是更加严苛的工作纪律和科学革命的先决条件——是通过消灭"女巫"来实现的。[①]

费代里奇并没有主张那些前现代社会授予女性的神秘权力都是可信的，也没有幻想任何向前现代的回归。然而，她的确毫不含混地谴责了资本主义对自然界的合理化（更一般地讲，激进左翼很少认为现代资本主义的生态危机能够通过对资源的合理利用来解决，而是恰好认为这种自封的理性主义是生态危机的原因），并且强调了这对女性权力的削弱。很明显，这一削弱有助于把女性束缚在新的再生产职能中。

最后，从当代斗争的角度讲，这也许可以重新把我们从历史拉回当下，费代里奇在《对女性的恐惧》第二部分中，用大量资料证明猎巫之类迫害女性的行径在近几十年

---

① Silvia Federic, *Witches, Witch-hunting, and Women*, PM Press, 2018, 28.

的第三世界并不罕见，而且世界银行等由强权国家支配的组织在其中的角色绝不光彩。由此，她有力地推进了《凯列班与女巫》中对马克思的质疑：按照后者的说法，成熟的资本主义主要依靠以客观面目出现的经济规律来进行强制和压迫，只有在例外的情况下才会动用如同原始积累那样赤裸裸的暴力；那么，全世界能否普遍地进入成熟的资本主义，把血腥的原始积累抛在身后？费代里奇的回答是否定的，原始积累根本不原始，而是伴随了资本主义发展的每一个阶段。"不断把农民从土地上驱逐出去、在世界范围内进行战争和掠夺、以及降低女性的地位，是资本主义在一切时代的存在所必需的条件。"[①]因此，随着全球资本主义的不断扩张和更新，这些与不列颠的圈地运动类似的情形——有人称之为必要的恶——会无止境地在第三世界发生；这恰好不是现代化不足所造成的，而是现代化本身所造成的，而且如今第三世界的现代化难免处在强权国家的监督和胁迫之下。

这样一来，费代里奇就不能不促使今天的人们考虑最困难的道路：既不容忍第三世界的诸多前现代状况，又不

---

① Silvia Federici, *Caliban and the Witch*, Autonomedia, 2004, 13.

接受反复开动的所谓原始积累。与半个世纪前的女巫集会一样，这条道路也必须有它的阵势，只不过不大可能停留于当初的"为家务工作争取工资"，而要加入别的措施。可是对于这一点，她和许多学者一样并没有非常确切的看法。在《超越身体边界》中，她比较简短地赞美了"舞蹈的身体"；[1] 而在《工资父权制》中，她试探性地举出了几种通向解放的活动："城市园艺、时间银行、开放源代码"[2]——很明显，这一切比女巫集会温和太多了。

　　尽管在制定激进的措施方面相对薄弱，但在《超越身体边界》中，费代里奇仍然从否定的方面质疑了近年来发达国家的某些女性主义运动的解放作用。虽然这本书作为演讲和短文的汇集并没有专注于一个话题，但那些质疑事实上成了这本书最受争论的部分。从理论的角度讲，费代里奇攻击的是一种广泛流传的关于身体和性态的建构主义（constructivist）观点，即认为身体和性态的许多方面是在人们的话语实践中被决定的，不论是由统治性的、压迫性的说话者所决定（这是需要揭露的），还是由反抗的、自主的说话者所决定（这是值得赞同的）。这种建构主义观点由

---

① Silvia Federici, *Beyond the Periphery of the Skin*, PM Press, 2020, 119 ff.
② Silvia Federici, *Patriarchy of the Wage*, PM Press, 2021, 67.

于凸显了言辞或意志的关键作用，难免忽略了在费代里奇眼中至关重要的包括家务在内的经济条件；它对主观性的凸显是以客观性为代价的。更准确地讲，这种观点大体上属于那些有资格忽略经济条件的人，而这远远小于费代里奇所关心的范围。应当说明，虽然这种建构主义时常被当作巴特勒的学说，但是两者不仅相去甚远，而且在根本上是相反的：作为坚定的非人道主义思想家，巴特勒与福柯等人一样彻底拒绝了以为个人或诸多个人能够凭借言辞或意志来做出选择、做出决定的观点，或者说自由的主体被归结为一种人道主义的幻象。由此，巴特勒式的话语装置并不是可以供人操作的工具，她的建构概念也不能适用于"我要建构我的身体和生命"之类的想法。然而，与其说费代里奇未能把批评的矛头对准巴特勒本身，而只是对准了一个被严重误解的大众版本，不如说这种误解本身绝不是偶然发生或容易消除的，而是植根于非人道主义与现存状况和现存的大众文化之间的巨大隔阂：当建构主义在许多社会运动中被援引时，它几乎必定被重新纳入人道主义的思维方式，变成一种对意志的夸大。

从实践的角度讲，费代里奇认为上述建构主义的流行造成了过多的、过于昂贵的、过于危险的用技术手段来改造身体和性态的做法。一方面，她仅仅表达了对某些新技术的忧虑，却未能实质性地分析这些技术是如何被运用的、有哪些值得肯定的和需要反对的地方。这种缺少内容的技术批判至少并不符合现代的激进主义传统，而是显得把身体设定成了一个或多或少封闭起来的、拒绝干预的场所，并把对医疗等相关产业的完全正当的不信任直接迁移到了新技术头上。但是另一方面，费代里奇也表明自己真正担忧的是这些技术手段对女性的共同斗争的不利影响。在她所回忆的 20 世纪 70 年代的运动中：

> 我们拒绝被划分美丑，拒绝遵循强加给我们的美的最新模板，遵循这些模板往往要求我们以健康为代价痛苦节食。不仅如此，随着女性主义的兴起，正如随着黑人权力（Black Power）的兴起一样，美也被重新界定了。我们彼此欣赏对方的美丽，因为我们是违抗者，因为在将自己从厌女社会的律令下解放出来的过程中，我们探索了新的存在方式，新的大笑、拥抱、梳发、跷腿的方式，新的相处和做爱的方式。[1]

---

[1] Silvia Federici, *Beyond the Periphery of the Skin*, PM Press, 2020, 56.

简言之，当年的主题是"我们"在摆脱现有模式的情况下对自己的重新界定。反之，如今的技术改造被怀疑为在有些时候把"我们"替换成了个别的"我"，把摆脱现有的模式替换成了迎合那些模式。这种怀疑的确是很经典的：马克思已经明白，一部分新的机器和管理方式有助于把工人分割开来，从而迫使单个的工人更加顺从。那么，对身体和性态的改造在哪些条件下、在多大程度上符合这种成问题的个人主义？费代里奇所给出的论述是不足的，但这或许是一个值得具体考察的方向。

即使在全部思想史中，一种既跨越了历史考证与当下问题，又跨越了经济计算与革命暴力的思想也并不多见。费代里奇的《对女性的恐惧》（包括作为附录的《以工资反对家务劳动》）和《超越身体边界》虽然不长，却已经涵盖了这四个维度。因此，它们也完全可以为读者在这四个维度中的进一步阅读和探索提供参考。

张　寅

2023 年 5 月

致 谢

这本书的写作要归功于卡米尔·巴尔巴加洛（Camille Barbagallo）对我的帮助、鼓励和意见，她阅读了本书中的材料，进行了一些修订，并给了我许多建议和洞见来帮助我将其组织成一套连续的话语。我还要特别感谢瑞秋·安德森（Rachel Anderson）和茜丝·奥博伊尔（Cis O'Boyle），她们是 Idle Women（一个由艺术家带领的组织）的主理人，让我书写"八卦"（gossip）一词含义转变的历史，还要感谢柯尔斯滕·杜富尔·安德森（Kirsten Dufour Andersen），她和其他那些我记不清名字的女性在哥本哈根艺术中心给了我《仲夏之歌》（*Midsommervisen*）的文本和翻译。我还要特别感谢乔希·麦克菲（Josh MacPhee）给本书做的封面设计，以及要感谢联合出版这本书的出品方，他们是 PM Press 的拉姆齐·卡纳安

（Ramsey Kanaan）、Autonomedia 的吉姆·弗莱明（Jim Fleming）和 Common Notions 的马拉夫·卡努加（Malav Kanuga）。最后，我还想要感谢许多年轻的女性，近年来，她们对我对于《凯列班与女巫》的介绍表达了极大的热情，并立刻发现了"原始积累"时期的猎巫行动和新一轮针对妇女的暴力之间的关系。这本书是献给她们所有人的，她们骄傲地说："我们是所有你们烧不死的女巫的孙女（somos las nietas de todas las brujas que no pudiste quemar）。"正如流行歌谣唱的那样。

导　言

　　尽管本书中的文章只是记录了我新研究的开端，并且在一定程度上，至少在第一部分，我所提出的理论和提供的材料已经在《凯列班与女巫》中有所涉及，但还是有各种原因说服我出版本书。其中一个原因是最近经常有人建议我写一本通俗的小册子来回顾《凯列班与女巫》中的主要话题，以期有更多的读者。除此之外，我本人也想继续研究欧洲的猎巫活动，尤其是那些对理解产生猎巫的经济／政治背景具有特殊意义的方面。在本书中我只聚焦了两个主题，但我希望继续这项工作来进一步研究伴随着猎巫行动的那种意识形态运动所构建的妇女和金钱的关系，研究儿童在女巫审判中作为指控者和被指控者的角色，尤其是研究殖民世界中的猎巫活动。

　　在这本书中，我重新思考了产生诸多巫术指控的社会环境和动机。我尤其关注两个主题：其一是猎巫和同时期圈地及私有化进程的关系，这见证了地主阶级的形成，这一进程将农业生产转变为商业冒险，同时，随着公共土地上筑起围栏，一个对发展中的资本主义秩序构成威胁的乞丐和流浪者群体就此形成。这些变化的实质并不纯粹是经济的，而是涉及生活的方方面面，带来了对社会的优先事项、规范和价值的重新排序。其二，我讨论了猎巫和对女性身体与日俱增的禁锢之间的关系，后者是通过国家加强对妇女的性行为和生殖能力的控制而实现的。然而，这两个主题被分开处理并不意味着它们在实际生活中是分开的，因为贫困和性越界行为在许多被判为女巫的妇女的生活中很常见。

如同《凯列班与女巫》中那样，我重申妇女是这种迫害的主要目标，因为她们是在经济生活的资本化过程中陷入最严重贫困的群体，并且，对妇女性行为和生殖能力的调控是构建更严格的社会控制形式的条件。然而，我收录在本书中的三篇文章，质疑了将妇女仅仅视为这个过程的受害者这一观点，突出了她们在其生活的国家或社区在其掌权人身上所引起的恐惧。因此，本书第一部分中的《猎巫与对女性力量的恐惧》《猎巫、圈地和公有制财产关系的消亡》这两篇，突出了官方对妇女的反叛及其令人着迷的力量的恐惧，而《论"八卦"①的意义》这篇文章则追溯了"八卦"这个词从指涉女性友谊的正面含义到恶毒言语的负面含义的转变，它同时伴随着以猎巫为起点的女性社会地位的恶化。

这些文章只是介绍了一些议题，它们需要进一步探寻和研究。然而，对其他问题的关注迫使我推迟了更为彻底的研究。我对于历史的回顾一直被某种需要所打断，也就是要理解我们目前所见证的新一波针对妇女暴力的高潮。在本书的第二部分，我勾勒出了这些新形式暴力的地图，并且调查了它们和新形式的资本主义积累之间的联系。这是《全球化、资本积累和针对妇女的暴力：国际化与历史的视角》的主题，这篇文章最初是为2016年4月在哥伦比亚布埃纳文图纳所举办的关于杀害妇女问题的论坛所写。第二部分还收录了我在2008年写的一篇文章，它所讨论的是世界上许多地方猎巫的回潮，这与为世界经济全球化铺平道路的那些发展进程息息相关。

自从"巫术"出现在许多欧洲国家的法典中，已经过去了五个多世纪，被认为是女巫的妇女成为大规模迫害的

---

① 原文为gossip。——译者注

目标。今天，在妇女被当作女巫而遭到袭击和谋杀的国家，大多数政府都不承认这项罪行。然而，在新迫害的根源上，我们所能找到的是煽动 16 世纪和 17 世纪猎巫运动的相同因素，宗教和最为厌女的偏见的回潮为这些迫害提供了意识形态上的辩护。

自 2008 年《当今非洲的猎巫、全球化和女权主义团结》首次发表以来，以巫术为名而实施的谋杀记录在不断刷新。据统计，仅仅是在坦桑尼亚，一年就有超过 5 000 名妇女被视为女巫而遭杀害，一些被砍死，另一些则被活埋或活活烧死。在一些国家，如中非共和国，其监狱里挤满了被指控的女巫，超过 100 人在 2016 年被处决，被叛军在火刑柱上烧死，这些叛军追随着 16 世纪猎巫者的步伐，把指控变成一种生意，用即将被处决的威胁来勒索众人。

在印度，对女巫的谋杀也十分猖獗，尤其是在"部落地区"，诸如正在大规模土地私有化的阿迪瓦西人（Adivasi）的土地上。而且这种现象日渐蔓延。有报告表明，在尼泊尔、巴布亚新几内亚和沙特阿拉伯都发生了谋杀女巫的事件。ISIS 也曾处决过"女巫"，如同在 16 世纪，技术为迫害提供手段。今天，网络上可以下载到谋杀女巫的录像，同样也能下载如何识别女巫的小册子。另据报道，一些自称猎巫者的人用电脑作为他们的工具来"揭开"女巫的"面具"！

然而，与2008年相比，一个重要的变化是，妇女对这些新猎巫活动的抵抗在增长。首先，在印度，一些妇女已经行动起来，从一个村子到另一个村子，对抗地方当局、猎巫者以及其他或隐或显的迫害者所散布的女巫存在的谣言。另一些妇女收集证据并对当局施压，后者往往无视对于谋杀者的起诉。慢慢地，关于新的猎巫行动的信息也开始在美国传播，迄今为止，关注点聚焦于加纳北部的女巫营，数以百计的妇女在那里避难，她们遭她们社群中的人强迫永久流放，其中包括她们的家人。虽然大部分都是新闻报道，但是关于这个主题的书籍和纪录片都承认这些对妇女的新攻击和非洲经济新自由主义化带来的转变之间的联系有关，这一新自由主义化在许多方面都表现为一种再殖民化进程。然而，到目前为止，对于这些发现没有人做出回应。

分析新的猎巫活动，就像分析其他新形式的针对女性的暴力一样是需要去做的。这需要广泛且持续的努力，因为这些现象如今蔓延至全球。为了推动这个计划，我们在纽约创建了一个网站，可以将类似的倡议汇集在一起，并交流传播信息，这些信息不仅仅包括新的受害形式，也包括抵抗它的新形式。

本着抵抗的精神，我想提另一个促使我将过去和现在的猎巫活动放在一起思考的原因来结束这篇导言，即欧洲不同地区将猎巫用于商业和旅游业。那些审判和处决了数十名妇女的著名场所如今在一个又一个商店里陈列展示着女巫样式的玩偶，以一种怪诞的方式再现了猎巫者所创造的，并导致了数以千计的妇女死亡的刻板印象。在盘子上、毛巾上、咖啡杯上，连同那些卖给游客的玩偶一起，一种意识形态和一种扭曲的历史经大肆宣传，塑造着未来几代人的想象力。捏造历史的商人们对这可能产生的伤害不闻不问，并继续展示着这些令人发指的商品，正如一个商贩在回应我的反对时所说的那样，因为"它们好卖"。然而，这一切之所以可能，也是因为，除了少数几个例外，①

---

① 一个例外是挪威，2000 年，瓦尔多市政府决定为在芬马克被送上巫术审判庭的受害者建造一个纪念碑。这个任务交给了瑞士建筑师彼得·祖姆托尔（Peter Zumthor）和法裔美国艺术家路易丝·布儒瓦（Louise Bourgeois），他们建造了两个不同的亭子，布儒瓦的那个亭子是一把燃烧的椅子形状。"在 1600 年至 1692 年间，在芬马克有多达 135 人因巫术而受审判。其中 91 人在酷刑下'认罪'后被处死。其中大多数是妇女，18% 是男人。" Line Ulekleiv, ed., *Steilneset Memorial: To the Victims of the Finnmark Witchcraft Trials*, Oslo: Forlaget Press, 2011.

欧洲政府和政治阶级或教会的代表都没有认识到他们的前辈对妇女所犯下的滔天罪行。在任何的欧洲日历中，都没有一个"纪念日"来提醒我们对女巫的大屠杀。反而，在一些国家，焚烧女巫进入了流行文化，正如在丹麦圣约翰节前夕每场篝火晚会上唱的那首歌所体现的（收录于本书中）。出于这些原因，我们不能让女巫的历史在沉默中被埋葬，除非我们希望她们的命运重演，就像在世界的很多地方正在发生的那样。

谴责利用妇女的身体和死亡来促进旅游业仅仅是第一步，还需要其他措施来确保那些在今天贩卖被贬低的妇女形象来获利的人，那些对流淌的鲜血和遭受的苦难视而不见的人，会把这些带有丑陋、狞笑的老女巫形象的玩偶、杯子、毛巾从他们的货架上撤下来。

第一部分
重思资本积累与欧洲猎巫运动

第一章
仲夏之歌《我们爱我们的国家》*

De tre første vers, som normalt synges ved bålfester

前三段歌词，通常在篝火晚会上演唱

词：Holger Drachmann, 1885

曲：P. E. Lange-Müller, 1885

Vi elsker vort land,

我们爱我们的国家

når den signede jul

在这祥和的圣诞

tænder stjernen i træet med glans i hvert øje.

用每只眼里的闪光点亮树上的星光

når om våren hver fugl,

当春天到来，每只鸟儿

over mark, under strand,

越过田野，在沙滩上

lader stemmen til hilsende triller sig bøje:

在歌声的问候中发出声音

vi synger din lov over vej, over gade,

我们在大街小巷歌唱你的律法

vi kranser dit navn, når vor høst er i lade,

当我们收获时分，向你的名字献上花圈

men den skønneste krans,

但那最美丽的花圈

bli'r dog din, Sankte Hans!

将是你的，圣约翰！

Den er bunden af sommerens hjerter,

它由夏天的心编织而成

så varme så glade.

如此温暖，如此喜悦。

Vi elsker vort land,

我们爱我们的国家

men ved midsommer mest,

尤其是在仲夏

når hver sky over marken velsignelsen sender,

当每一片云朵越过田野传递祝福

når af blomster er flest,

当花开得最为繁盛

og når kvæget i spand

当饲养的畜群

giver rigeligst gave til flittige hænder;

给勤劳的双手以丰盛的礼物

når ikke vi pløjer og harver og tromler,

当我们不开垦而收获时

når koen sin middag i kløveren gumler,

当牛在苜蓿地里咀嚼它的晚餐时

da går ungdom til dans

年轻人去跳舞

på dit bud, Sankte Hans

遵从您的命令，圣约翰

ret som føllet og lammet, der frit

如同马驹和羔羊般，自由自在地

over engen sig tumler.

在田野上翻滚。

Vi elsker vort land,

我们爱我们的国家

og med sværdet i hand

手中持着长剑

skal hver udenvælts fjende beredte os kende,

每一个另一国度的敌人都将认识我们

men mod ufredens ånd

但要反对斗争的精神

under mark, over strand,

在田野上，越过沙滩

vil vi bålet på fædrenes gravhøje tænde

我们将在父辈维京人的坟上点火

hver by har sin heks,

每一个村庄都有自己的女巫

og hver sogn sine trolde.

每个教区都有自己的精灵

Dem vil vi fra livet med glædesblus holde

我们将用欢乐的火焰让他们远离我们的生活

vi vil fred her til lands

我们祈求这个国家的和平

Sankte Hans, Sankte Hans!

圣约翰，圣约翰！

Den kan vindes, hvor hjerterne

它可以赢得胜利

aldrig bli'r tvivlende kolde.

在那人心不疑之处。

---

* 是一次哥本哈根的女性主义集会上的妇女们使我注意到了《我们爱我们的国家》这首歌，她们还提供了本章中的翻译。这次阅读引发了一场重要的讨论，关于女巫形象的驯化，以及在欧洲历史和文化中掩盖成千上万妇女被猎杀这一事实所带来的影响。在丹麦，女巫审判主要集中在 17 世纪，在 1617 年至 1625 年间达到顶峰，8 年之间进行了 297 起审判，这是所有欧洲国家中最为集中的。同样地，大多数受指控的人都是妇女。V. Johansen, "Denmark: The Sociology of Accusations," in *Early Modern European Witchcraft: Centres and Peripheries*, eds. Bengt Ankarloo and Gustav Henningsen, Oxford: Clarendon, 1992, 339–366.

第二章
为什么要再次讨论猎巫？*

为什么我们应该再次讨论猎巫？之所以是"再次"，是因为近些年来女性主义学者已经将猎巫从历史的禁锢中解救出来，并将其安放在欧洲和美洲妇女史适当的位置上。

芭芭拉·埃伦赖希（Barbara Ehrenreich）、戴尔德丽·英格利希（Deirdre English）、玛丽·戴利（Mary Daly）和卡洛琳·茜特（Carolyn Merchant）[①]等人向我们展示了猎巫是如何剥夺了妇女自己的医疗实践，迫使她们屈从于父权制的核心家庭控制，又是如何破坏了自然的整体观念，

[①] Mary Daly, *Gyn/Ecology: The Methaethics of Radical Feminism,* Boston: Beacon Press, 1978；Barbara Ehrenreich and Deirdre English, *Witches, Midwives, and Nurses: A History of Women Healers,* New York: Feminist Press, 1973；Carolyn Merchant, *The Death of Nature: Women, Ecology and the Scientific Revolution,* San Francisco: Harper & Row, 1983.

直到文艺复兴时期，将自然视为整体的观念都限制了对于女性身体的剥夺。

不仅如此，在"新史学"（Nouvelle histoire）的影响之下，小镇的档案被重新翻开，尘封已久的记录被重新审视，上百起审判的细节呈现在我们眼前。

难道我们是为了用旧有的解释框架来解释新的事实，才去翻搅旧尘往事的吗？

其中一个原因是，在16世纪和17世纪的猎巫活动中，一些重要的结构性方面仍然需要置于社会历史的适当语境中分析。大多数研究猎巫活动的历史学家，即使是那些对政治最具有敏感性的，也把自己局限于社会学式的分析：谁是女巫？她们因什么受控告？在何时何地被处罚？抑或这些学者只从有些局限的视角看待猎巫活动：职业化医疗的诞生、机械论世界观的发展、父权制国家结构的胜利等。

如同奴隶贸易和屠杀"新大陆"的土著一样，猎巫活动为近代资本主义的崛起铺平了道路，这一点还未得到承认。因此，以资本主义的腾飞为前提讨论猎巫，能够探究的还有很多。

对猎巫活动的研究可以动摇我们的一个根深蒂固的信

念，也就是将资本主义视为社会进步中的一个环节。这一信念在过去导致了很多"革命者"哀叹大部分前殖民世界中没有"真正的资本积累"。然而，如果我对于猎巫活动的解读是正确的话，可能产生一种不同的历史解释，那些非洲的奴隶，那些被剥削的非洲及拉丁美洲的农民，以及遭到大屠杀的北美原住民，都是16世纪、17世纪欧洲女巫的同类，如同她们一样，眼睁睁地看着自己的土地被掠夺，由于农业向经济作物转型而饱受饥荒，而她们的反抗，却被视为与恶魔签订契约的证明。

但有人可能会反对，有什么证据可以证明那些被烧死在火刑柱上的妇女，或是那些举起干草叉反对收税员的妇女，与整个资本主义系统的逻辑之间存在关系？这个系统在其初期都没有意识到自身，更不用说有一个缜密的计划了。当身处其中的人都毫无头绪，我们怎么可能在那些将许多妇女送去刑场、发生在村落里的致命争执中窥见新的世界经济秩序的端倪？那么这是否就意味着我们应该把自己局限在微观历史中，因循守旧地切断这些发生在小镇子上的事件和总体社会结构之间的联系？

这样做可能是稳妥的，但对因果场域的限制只会导致新的问题。比如，为什么在现代世界的进程之初，在通常被认为是妇女解放的行动者（agent）的资产阶级的倡议之下，我们见证了父权及厌女行为的激增？而职业化医疗的诞生和哲学及科学机械论的兴起之间的关系又是什么？难道不需要一个更全面、深层的原因来将这一切联系起来并提供解释吗？

我选择来回答这些问题。我将猎巫解读为引领了资本主义在欧洲生根的"大转型"（Great Transformation）的一个方面。诚然，证据是间接的，但没有一个重要的历史现象可以脱离语境和其内在动力来"解释"。

一个当下的例子可以解释这一点：由于缺乏大量可以留给后人的记载，研究 20 世纪八九十年代的美国历史学家对于两种现象的同时存在感到困惑，一方面，是空前的技术发展，另一方面，则是通常和"不发达"或和资本原始积累时代联系在一起的现象的回归——流落街头的人，效仿 17 世纪"大禁闭"（Great Confinement）而将大量黑人关进国家监狱，普遍的文盲现象，匿名暴力的蔓延，以及大规模的社会解体。那么，要如何证明资本主义的扩张既导致了计算机革命，也要对"铁之世纪"（Iron Century）生活模式的回归负责？

许多旁证是必要的。诸如那些对政府官员的采访和电脑天才的日记，或是从事"解构"文学文本和欢呼"后现代主义话语"时代的知识分子的工作，这些都是不够的！我们必须要研究住房政策，将租金的上涨和美国去工业化联系起来，从中推断出资本积累的质的飞跃，导向了新技术知识发展和大量工人的贫困化，推断出由此产生的紧张关系；听听那些一心想要攻击福利政策的政客们的演讲，他们将福利视为社会神圣目标的腐坏。即使有了这些证据，这样的努力依然可能像现在这样遭到怀疑。那么，我们也要将猎巫从只发生在村庄里的孤立事件中解救出来，并将其放在更广泛的框架中解释。要把猎巫和其他发生在村庄及国家层面上的事件一起考察。这是我希望我的研究可以取得的成果。

---

* 本文写作于 20 世纪 90 年代末，是《凯列班与女巫》的第一版序言。

第三章
猎巫、圈地和公有制财产关系的消亡

在本章中，我们将讨论英国圈地运动，以及始于欧洲15世纪晚期，更广泛意义上的农业资本主义的兴起，这为我们提供了一个相关的社会背景，以理解同时期巫术指控的产生和猎巫活动与资本积累之间的关系。我会在稍后澄清我在什么意义上使用圈地（enclosure）这个概念。在这里，我想首先强调圈地运动（land enclosure）并不能完全解释猎巫活动，无论是过去还是现在。尽管我把所有的根本动机都追溯为资本主义关系的发展，但我仍然赞同普遍认为的猎巫活动需要多重解释。我也不想证明在圈地运动和猎巫之间有必然的联系，只是在特定的历史条件之下，土地私有化导致了对"女巫"的迫害。然而，似乎在社群主义制度的瓦解和把社群中的一些人妖魔化之间存在着特殊的联系，这使得猎巫成为经济和社会私有化的有效工具。辨识这两者之间特别的关系正是本章的目的之一。

圈地是发生在英国的一种现象，指的是地主和富有的农民在公共土地上筑起围栏，终结了约定俗成的权力，并驱逐原本依靠土地生存的农民和擅自侵占者（squatters）。这并不是土地私有化的唯一形式。驱逐农民和土地商业化的进程同样发生在法国和西欧的其他地方，例如，通过增加税收的方式。然而，我之所以将焦点放在英国的圈地运动上，是因为它们更好地展示了土地的商业化是如何以不同的方式影响女人和男人的。当我使用圈地的概念时，其中包括了对土地的占有、收取过高的地租和新的税收形式。然而，无论何种形式，这都是一个暴力的过程，在原本以互惠关系为纽带的社区中造成了深刻的两极分化。不仅仅是领主，富有的农民也拓展了土地的边界，由于圈地者和被圈地者彼此相识，平时走同一条路，并且有许多关系将他们彼此相连，这就加深了圈地运动所产生的敌意，而他们彼此邻近的生活距离和复仇的可能性加剧了他们对于彼此的恐惧。

我们有什么证据表明圈地是产生猎巫运动的主要因素？

答案是，大部分证据都是间接的。在我们所有的审判记录中，没有一个将被指控的妇女描述为土地征用的受害者。然而，人们承认，就像在欧洲的其他地方一样，在英格兰的猎巫主要是发生在农村的现象，并且，作为一种趋势，它影响到了那些已经完成或正在进行圈地运动的区域。艾伦·麦克法兰（Alan Macfarlane）在他的《都铎和斯图亚特王朝时期英格兰的巫术》中表明，巫术审判和圈地运动的地图是重合的，迫害的主要地区是埃塞克斯郡（Essex），那里的土地至少在猎巫开始之前的一个世纪就被圈了起来。[1]圈地运动也发生在兰开夏郡（Lancashire），尤其是彭德尔森林（Pendle Forest）附近。1612 年，这里发生了一起最为凶残的巫术迫害。对这次圈地运动的记忆反映在村庄的名字上，那里被处决的女巫们首次接受检查，它被恰如其分地称为"圈围之地"（Fence）。

时间上的考量也很重要，英国的女巫审判直到 16 世纪才开始，在 17 世纪达到高潮，它们发生在经济和社会关系

---

[1] Alan Macfarlane, *Witchcraft in Tudor and Stuart England: A Regional Comparative Study,* New York: Harper & Row, 1970.

被日益发展的市场所重新塑造的社会中，在这样的背景下，贫困化和日益增长的不平等在1580年至1620年间变得令人痛心，在来自南美的白银的影响之下，谷物及其他农作物的价格开始上涨。

年长的妇女受到这些发展的影响最为严重，在不断上涨的物价和昔日权力丧失的双重打击之下，她们没有任何的生活来源，尤其当她们是寡妇或者没有孩子可以或愿意帮助她们时。而在英国庄园社会的农村经济中，寡妇和穷人通常都受到了照顾。

如同基思·托马斯（Keith Thomas）在《16和17世纪英格兰大众信仰研究：宗教和魔法的衰落》中所写的那样：

> 旧的庄园制度通过建立贫困救济制度来照顾寡妇和年长的人，寡妇享有自由财产权（free-bench），也就是说，根据当地庄园的习俗，她可以继承已故丈夫的财产，可继承的比例从四分之一到全部不等。如果她没有能力自己进行耕种，可以将土地交予家庭中的年轻成员，以换取赡养费……穷人还有各种地方性习俗的特权，比如在荒地被交还予牧场前有三天的时间可以捡

拾落穗……如果没有别的住处可以在教堂睡觉。[1]

彼得·莱恩博（Peter Linebaugh）还表明，自从 1215 年《大宪章》（*Magna Carta*）以来，尤其是从《森林宪章》以来，寡妇有权利获得"赡养"（estovers），也就是说，拥有食物、木材以及生活必需品的权利是被保障的。[2] 但是自从这些习俗权利丧失，这些权利也没有了。当新教改革和新的商业精神禁止给予和接受慈善时，在英国，只有在治安法官允许的情况下才能乞讨。

并不令人惊讶的是，许多所谓的女巫都是贫穷的妇女，通过一家一户地乞讨谋生，或是以"济贫税"（poor rates）为生，这是英国引入的第一个福利制度。即使是归咎于她们的罪行也表明，她们依然是农民人口的一部分，但已经失去了土地和习俗权利，她们有可能对她们邻居的财产感到愤怒，首先是那些原本可能在公共土地上放牧的牲畜。值得注意的是，根据 C. 莱斯特兰奇·伊文（C. L'Estrange

---

[1] Keith Thomas, *Religion and the Decline of Magic,* New York: Charles Scribner's Sons, 1971, 562.

[2] Peter Linebaugh, *The Magna Carta Manifesto: Liberties and Commons for All*, Berkeley: University of California Press, 2008, 29, 39-40.

Ewen）的记录，1563 年到 1603 年之间，在地方巡回法庭（Home Circuit）至少三分之一的审判是对猪、牛、马、公马和母马施展巫术，致使其中一些动物死亡。[1] 如同我在《凯列班与女巫》中所写的那样，指控中记录了女巫的贫困，因为据说魔鬼在她们需要时来到她们身边，并对她们承诺从今往后"她们将不再匮乏"，也许会提供她们"肉、衣服和钱"，并且偿还她们的债务。[2]

然而，贫困并不是巫术指控的直接原因

还有另外两个因素促成了女巫指控。首先，女巫并不仅仅是受害者，她们是反抗自身贫困和遭社会排斥的妇女。有些妇女威胁拒绝帮助她们的人，投以斥责的目光并诅咒他们。有些妇女会突然出现在条件较好的邻居家前，或是给孩子一些小礼物以期被接受，这样会惹恼她们的邻居。起诉她们的人指控她们言语恶毒，在邻居之间挑起争

---

[1] C. L'Estrange Ewen, *Witch-Hunting and Witch Trials: The Indictments for Witchcraft from the Records of 1373 Assizes Held for the Home Circuit AD 1559-1736,* London: Kegan Paul, Trench, Trubner & Co., 1929.

[2] 详见 Thomas, Keith. *Religion and the Decline of Magic.* New York: Charles Scribner's Sons, 1971, 520。

端，而历史学家通常会接受这些指控。然而，在这些威胁和恶言恶语之下，我们应该读出她们对自己所遭遇的不公正的愤怒，以及她们因被边缘化而遭社会拒绝所产生的怨恨。

在巫术指控的经济因素背景之上，我们还应该将与日俱增的厌女的制度性政策考虑进去，它将女性禁锢在从属于男性的社会地位上，并严惩她们任何的独立主张和性越界，将其视为对于社会秩序的颠覆。"女巫"是"名誉扫地"的女人，在年轻时卷入"淫荡"与"滥交"的行为。她通常有非婚生子女，其举止与这一时期女性气质的模式相违背，而这样的女性气质是通过法律、圣坛和家庭的重新组织来强加给欧洲女性的。有时，她们是治疗者，并通过不同形式的魔法来医治，这使她们在社群中广受欢迎，但这也更标志着她们对于地方和国家权力结构而言是危险的，这种权力结构与各种形式的民间力量为敌。那些或是基于对草药和植物特性的经验性知识，或是由符咒和咒语组成的安慰剂疗方是否有效，在此并不重要。

由于圈地运动将农民变成了流浪者和乞丐，引起了反抗，试图颠覆这个世界，妇女参与了许多抗议活动，拔起了现在包围公共土地的围栏，因此当民众试图通过巫术和其他可疑的做法来影响事件的进程时，在当时就被视为一种威胁。通过惩罚女巫，当局同时惩罚了对私有财产的攻击、对社会的不服从、对魔法信仰的传播，这些信仰被认为有他们无法控制的力量，偏离了性规范，遂代之以国家统治之下的性行为和生育。

比如召唤魔鬼来证实这一操作依然令人费解，除非我们假设只有通过妖魔化，才能使过去被容忍或视为正常的行为在更多妇女的眼中变得可憎和可怕，对她们来说，女巫的死亡是一个教训，告诉她们如果跟随女巫的步伐将会发生什么。事实上，很多妇女吸取了这一教训，并且随着猎巫活动的展开，她们也参与了指控。但她们很少直接谴责那些被怀疑施展巫术的妇女，而是扮演"被动的角色"，在男人的压力下出庭作证，而男人通常会发起法律程序。①

也许正是通过这种妇女与妇女之间的对抗，我们发现了迫害女巫的秘密，以及它和破坏公共土地之间的特殊关系。

---

① Clive Holmes, "Women: Witnesses and Witches," *Past and Present* 140, no. 1, August 1993: 54, 58. 霍姆斯（Holmes）写道："尽管有许多妇女参与其中，但在反对女巫的法律程序中她们基本是被动的，"因为"将村里的怀疑转化为官方证词，并组织邻居来做出有效的决定，都是当地的男人们来做的"。

今天，在历史学家之间有一种流行的说法，即那些被杀害的人，不同于现代对异教徒的清洗或纳粹对犹太人的迫害，是一种畸形制度之下的无辜受害者。我们还被告知，一些妇女以自己的女巫名声为荣，向邻居勒索好处和资源。有人认为，诸如破坏啤酒酿造、对奶牛施展巫术或是导致儿童突然死亡，这些指控并不是没有根据的。但是，如果真的有妇女总是犯下这些罪行，我们难道不应该问是什么驱使她们如此激烈地憎恨她们的邻居，以至于在暗地里通过杀死他们的动物、毁坏他们的生意，并对他们施加致命的折磨来破坏他们的经济？我们要如何解释，在一个世纪前，村庄里的生活还是围绕着公共结构的组织，全年点缀着集体节日和庆祝活动，为何出现了这样的仇恨？或是说，对"女巫"的妖魔化正是这些分裂的工具，正是为了证明对那些曾经被视为平民同时也自认为平民的人的禁令是必要的？

无论怎样，一个社会／文化习俗和信仰的世界，同"女巫"一起被消灭了，这些习俗和信仰是前资本主义欧洲农村的典型特征，却被认为缺乏生产力，对新的经济秩序有潜在危险。如今，我们将这个世界称为迷信的，但同时它也提醒着我们，在我们与世界的关系中存在着其他的可能性。在这个意义上，我们必须把圈地看作一种更广泛的现象，而不仅仅是把土地围起来。我们还必须联想到这也是对知识、对我们的身体，以及对我们与他人及自然关系的一场圈地运动。

另一个还没有被解释的方面是，猎巫如何改变了我们和动物的关系。随着资本主义的兴起，一种新的社会风气（ethos）发展起来，推崇一种自我约束，并引导人们将本能欲望转为劳动力。当自我控制成为人性的标志，人类和"野兽"之间产生了更深刻的区别，如果我们考虑到在资本主义到来之前，在人类世界和动物世界之间的连续性，动物通常被视为可以做出回应，甚至被赋予了说话的能力，这就可以被称作一场文化革命。直到16世纪，这种对动物的看法在欧洲许多地方依然存在，因此会出现将狗带去审判"罪行"的场景，它们或是犯下罪行，或是作为它们主人的证人，以此行为来证明他们是无辜的或有罪的。[①]

到了17世纪，一个巨大的变化正在发生，这反映在笛

① 详见 Edward Payson Evans, *The Criminal Prosecution and Capital Punishment of Animals: The Lost History of Europe's Animal Trials,* London: William Heineman, 1906。

卡尔的理论中，即动物是无知觉的机器。拥有伴侣动物越来越受到怀疑，动物被描述为不可控制的本能的化身，而资本主义必须抑制这种本能以培养有纪律的工人。触摸它们，爱抚它们，与它们生活在一起，就像在农村地区一样，成为禁忌。随着对女巫的追捕，特别是在英国，动物被妖魔化了，根据这一理论，魔鬼以家庭宠物的形式为他的信徒提供了日常帮助，为女巫的犯罪服务。这些"精灵"（familiars）是英国的审判中的一个永恒主题，被视为"女巫"和每个女人潜在的非理性的、兽性本质的证明。

通过对女巫的猎杀，一种新的社会和道德标准被强加于人，使得任何独立于国家和教会的权力都被怀疑为魔鬼，带来了对地狱的恐惧，这是一种对世上绝对邪恶的恐惧。女性通常是这种邪恶的化身，这对资本主义世界中的女性状况产生了深远的影响，猎巫帮助构建了这样的世界。它分裂了妇女，它告诉她们，只要成为对抗"女巫"这场战争的帮凶，接受男人的领导，她们就能得到保护，从而免于被绞死或烧死。猎巫教导她们要接受发展中的资本主义社会所分配给她们的位置，因为一旦认为妇女可以成为魔鬼的仆人，被魔鬼附身的怀疑将伴随妇女生命的每一刻。

第四章
猎巫与对女性力量的恐惧

　　她独自站在暮色中，在一个空旷的空间，手中握着一束蓝色纱线，纱线在她的周围编织，拥抱着一排房屋，这些房屋好似她身体的延续。《道路绘制》(*Trazando el Camino*，1990)是墨西哥20世纪最好的艺术家之一——鲁道夫·莫拉莱斯(Rodolfo Morales)的众多画作之一，他的作品主题大多围绕着作为维系社区的物质及社会结构(fabric)的女性身体。莫拉莱斯的绘画是对于女巫形象的一种对位法诠释，画作中的女性安静的神情和绣花围裙使她呈现出近乎天使的模样。然而，她身上一些魔法的和神秘的东西让人想起女性的"阴谋"，而这正是15世纪至18世纪血洗欧洲猎杀女巫的历史理由，这也许为历史学家尚未解开的这场迫害的一些核心之谜提供了线索。

为什么猎巫运动主要是针对妇女的？如何解释三个世纪以来，欧洲成千上万的妇女成为"内部敌人"和绝对邪恶的化身？如何调和两种不同的形象，一面是审讯者和魔鬼学家对他们的受害者的全能的、几乎神话般的描绘，将她们视为地狱生物、恐怖分子、食人魔、魔鬼的奴仆，疯狂地骑着扫帚在天空飞翔；另一面是在现实中，被指控犯有这些罪行的妇女，被可怕地折磨并烧死在火刑柱上的无助形象？

　　对这些问题的第一个回答是，对"女巫"的迫害可以追溯到资本主义发展所造成的混乱，特别是在欧洲封建时代盛行的公共农业形式的解体，以及货币经济的兴起和对土地的剥夺使广大农村和城市人口陷入贫困。根据这一理论，妇女最有可能成为受害者，因为她们在这些变化中最"无能为力"，特别是年老的妇女，她们最常反抗自己遭受的贫困和社会排斥，由此构成被控诉的主体。换而言之，妇女被指控施展巫术，是因为在资本主义初期，欧洲农村的结构调整摧毁了她们的谋生手段和社会权力的基础，她们别无选择，只能依赖富裕阶层的施舍。此时，社区纽带正在解体，一种新的道德观念正在形成，将乞讨视为犯罪，并贬低施舍，而后者在中世纪世界曾被认为是通往永恒的救赎之路。

这一理论由艾伦·麦克法兰在其《都铎和斯图亚特王朝时期英格兰的巫术》中首次阐述，适用于许多女巫审判。毫无疑问，很多猎杀女巫的情况与"圈地运动"的进程有直接关系，这一点从被控诉群体的社会构成、对她们的指控以及对女巫的描述中可以看出：通常是一个贫穷的老妇人，独自生活，依靠邻居的施舍，对自己被边缘化感到痛苦，经常威胁和诅咒那些拒绝帮助她的人，而这些人也就不可避免地指控她要对他们所有的不幸负责。然而，这幅图景并不能解释如此悲惨的生灵如何能够激发出如此多的恐惧。它也无法说明为什么许多人被指控有性越界行为（sexual transgressions）和与生殖相关的罪行（比如杀婴和导致男性阳痿），在被指控的妇女中，有一些已经在社区中获得了一定程度的权力，她们担任民间医生和助产师、使用魔法来寻找失物或进行占卜。

除了对贫困化和社会边缘化的抵抗，在那些想要消灭她们的人眼中，"女巫"构成了什么威胁？要回答这个问题，我们不仅要重温资本主义发展中所产生的社会冲突，还要重温社会生活各个方面的重大转变，首先从作为中世纪世界特征的生殖／性别关系开始。

资本主义诞生于封建精英，即教会、地主和商人阶级为应对农村和城市无产阶级的斗争而实施的策略，直到 14 世纪，这些斗争使他们的统治陷入危机。这是一场"反革命"，不仅血腥地扼杀了对自由的新要求，还通过建立一个新的生产系统，重新界定了工作、财富和价值的概念，以利于更残酷的剥削。因此，资本主义从一开始就面临着双重挑战：一方面，它要抵挡那些因为土地被征用而从平民转变而成的流浪者、乞丐和无地劳动者对资产阶级构成的威胁，他们随时准备着反抗新的主人，尤其是在 1550 年到 1650 年期间，来自新世界的黄金白银导致了通货膨胀，并"正在加速到无法控制的程度"，导致食品价格飞升，然而工资却在相应下跌。[1] 在这种情况下，许多年老农妇对自己的悲惨处境感到愤懑，她们挨家挨户地嘀咕着复仇的话语，而这肯定将被视为在酝酿阴谋诡计。

---

[1] Julian Cornwall, *Revolt of the Peasantry, 1549,* London: Routledge & Kegan Paul, 1977, 19. 关于因美国黄金的到来而导致的食品价格上涨，请参见 Joyce Oldham Appleby, *Economic Thought and Ideology in Seventeenth Century England,* Princeton, NJ: Princeton University Press, 1978, 27; Alexandra Shepard, "Poverty, Labour and the Language of Social Description in Early Modern England," *Past Present* 201, no. 1 (November 2008): 51–95。

另一方面，由于资本主义将"工业"作为资本积累的主要来源，如果不塑造一种新的个体和一种新的社会纪律来提高生产力，资本主义就无法立稳脚跟。这涉及一场历史的斗争，致力于打破任何充分剥削劳动者的限制，首先是打破将个体和自然、他人和自己的身体联系起来的关系网。这个过程的关键是摧毁中世纪盛行的关于身体的魔法理念，这种理念赋予身体以力量，这种力量是资本主义无法加以利用的，因为它不容许将劳动者转换为工厂的机器，甚至可以加强对它的抵抗。这是前资本主义的农业社会赋予所有人或独特个体的萨满式力量，尽管经历了几个世纪的基督教化，这些力量在欧洲依然存在，并往往被同化为基督教的仪式和信仰。

正是应该在这样的语境中，去定位那些对被视作"女巫"的妇女的攻击。由于妇女与生育过程的独特联系，许多前资本主义社会都认为妇女对自然界的秘密有特别的理解，这据说让她们得以掌控生死，发现事物的隐藏属性。（作为疗愈者、民间医生、草药师、助产师和催情药剂师）对魔法的使用，也是许多妇女的就业来源，无疑，也是权力的来源，尽管当治疗失败时，她们可能会遭到报复。

这正是当资本主义企图构造一个更机械化的世界观时，女性会遭到首要打击的原因之一。对自然界的"合理化"——这是更加严苛的工作纪律和科学革命的先决条件——是通过消灭"女巫"来实现的。当我们把被指控的妇女所遭受的难以言说的折磨视为对其力量的驱魔时，这些折磨也就获得了不同的意义。

也正是在这样的语境下，我们还必须重新考虑对巫术的核心定义中将妇女的性（sexuality）描述为邪恶的，是女性"魔法"的精髓所在。对这一现象的通常解释是将其归咎于审讯者在压抑的禁欲主义中滋生的淫色与施虐的欲望。但是，尽管教会参与猎杀女巫是构成其意识形态框架的根本，在欧洲猎杀女巫最猖獗的 16 世纪和 17 世纪，大多数的女巫审判都是由当地的业余法官主持的，并由市政府支持和组织。因此，鉴于新的资本主义精英所致力的社会改革计划和对劳动力更严格的控制，我们必须提问：女性的性在他们眼中意味着什么？

从 16 世纪和 17 世纪的西欧大多数国家对性、婚姻、通奸和生育的规范中得到的初步答案是，女性的性既被视为一种社会威胁，但只要加以适当引导，又是一种强大的经济力量。就像教会中的神父和《女巫之锤》

（1486）^①的多明我会作者一样，新生的资产阶级需要贬低女性的性和愉悦。情欲（Eros）、性吸引力，这些在政治精英的眼中，都被视为无法控制的力量。柏拉图在《会饮篇》中描述的爱的作用为这种观点提供了一个本体论层面的理解，爱是伟大的魔术师，是将天地结合的魔鬼，并将人变得如此圆满，如此完整，一旦结合就无法被破坏。在公元4世纪，教会的神父们为了躲避城市生活的腐败，抑或为了躲避爱神（Eros）的诱惑而逃往非洲沙漠，他们不得不承认爱的力量，被一种他们只能想象为由魔鬼激发的欲望所折磨。从那时起，为了保护教会作为一个父权的男性阵营团结一致，并防止其财产因教士在女性力量面前的软弱而被挥霍，他们就把女性描绘为魔鬼的工具——愈取悦于眼睛，愈致命于灵魂。自《女巫之锤》这个可能最为厌女的文本开始，就成为所有魔鬼理论的基调。无论是天主教、

---

① 多明我会修士海因里希·克雷默（Heinrich Kramer）和雅各布·斯普伦格（James Sprenger）曾在德国南部担任审讯者，他们所写的《女巫之锤》（*Malleus Maleficarum*）于1486年出版，是最早、最有影响力的魔鬼学著作之一，在接下来的两百年里被多次重印。正如约瑟夫·克莱茨（Joseph Klaits）所呈现的那样，在1481年至1486年期间，克雷默和斯普伦格格"在康斯坦茨（Constance）教区主持了近50起有关巫术的处决"。Joseph Klaits, *Servants of Satan: The Age of the Witch Hunts,* Bloomington: Indiana University Press, 1985, 44.

新教还是清教，不断崛起的资产阶级都延续了这个传统，但以一种迂回的方式，对女性欲望的压抑被置于功利的目标之下，比如满足男人的性需求，更重要的是，生育大量的劳动力。一旦驱魔，通过猎杀女巫否认了其颠覆性的潜能，女性的性就会在婚姻的语境下以生育为目的被重新激活。

相较于基督教对贞洁和禁欲的赞美，新教将性重新纳入婚姻生活，作为一种"克制贪欲的疗方"，承认妇女在社会中作为妻子和母亲的合法角色，这种由市民／资产阶级所制定的性规范往往被描绘成与过去的决裂。但资本主义重新整合到可接受的女性社会行为领域的是一种驯服的（tamed）、驯化的（domesticated）的性形式，有助于劳动力的再生产和对劳动力的安抚。资本主义之下，性只能作为一种生产力而存在，为生育和迭代（regeneration）可以被雇佣的／男性工作者服务，并作为一种社会性安抚及补偿日常生存痛苦的手段。新中产性道德的典型是马丁·路德对修女的强制令，要求她们离开修道院并结婚，因为在他看来，婚姻和生产一堆无产者是对上帝意志的实现，是她们的"最高使命"。"让她们养育孩子到死，"他明目张胆地如此宣称道，"她们为此而生。"①16世纪的政治或宗教权威都从未像路德那样粗暴地表达这种情绪，但将妇女的性限制在婚姻和生育中，加上妻子无条件的顺从，无论是什么宗教，在每个世纪都被确立为社会道德和政治稳定的支柱。事实上，没有任何罪行像"女巫"一样经常由于"行为淫乱"而被指控，并通常被与杀婴和对生命繁衍的深刻敌意联系在一起。

除了以上这些设定之外，在婚姻、生育和男性／机构的控制之外，女性的性在历史上代表了一种社会危险，对工作纪律的威胁，对他人权力的威胁，以及一种对维持社会等级和阶级关系的阻碍。16世纪的情况尤其如此，当封建社会规范性行为和男女之间性交流的结构陷入危机时，在城市和农村都出现了一种新的现象，即没有伴侣的妇女独自生活，并经常从事卖淫活动。

并不令人意外的是，对性变态的指控无论在世俗当局组织的审判中，还是在由教会发起并组织的审判中，都处于核心位置。同样地，我们在这里可以发现，在和魔鬼交媾这种不实指控之下，人们担心女人可以用她们的"魅力"（glamour）魅惑男人，将他们置于权力之下，并激发

---

① Mary Wiesner-Hanks, "Women's Response to the Reformation," *The German People and the Reformation*, ed. R. Po-Chia Hsia, Ithaca, NY: Cornell University Press, 1988, 151.

他们如此这般的欲望以至于忘记一切社交距离和义务。根据圭多·鲁杰罗（Guido Ruggiero）的《束缚的激情》（*Binding Passion*, 1993）一书，16世纪威尼斯的交际花就是如此，她们设法与贵族缔结婚约，但随后被指控为女巫。

对妇女不受控制的性的恐惧，解释了恶魔理论中流行的喀耳刻神话，这个传说中的女巫（enchantress）用她的魔法把追求她的男人变成了动物。这也解释了同样的恶魔理论对女性眼睛力量的许多臆测，即仅仅通过其"魅力"和"迷惑"的力量，就能让男人不经意间动情。此外，女巫被指控与魔鬼达成的"契约"，通常涉及金钱交易，这反映了对女人有能力从男人那里获取金钱的担心，其中暗含着对卖淫的谴责。

因此，人们不遗余力地将女性的性描绘成对男人来说危险的东西，并以这种方式羞辱妇女，以遏制她们用身体吸引男人的欲望。历史上，妇女从未遭受过如此大规模的、国际范围内组织的、法律上认可的、宗教上赞同的对她们身体的暴行。仅是凭借一些微不足道的证据，通常来说只是一次告发，就有数以千计的人被逮捕，被剥光衣服，剃光头发，并用长针刺穿她们身体的每一个部位来寻找"魔鬼的标记"，这些通常都在男人面前进行，包括刽子手、当地名人和牧师。而这还远远不是全部的折磨，有史以来最残忍的酷刑都被施加在遭指控的妇女身上，这为发展痛苦和酷刑的科学提供了一个理想的试验田。

正如我在《凯列班与女巫》中写的那样，猎巫建立了一种对所有女性的恐怖制度，从中产生了一种新的女性气质模式，妇女必须符合这种模式才能在发展中的资本主义社会被接受：没有性吸引力、顺从、服从、甘于屈从于男性的世界，理所当然地接受被限制在一个被资本主义贬低的活动领域之中。

妇女们被骇人的指控恐吓，遭受可怕的酷刑，并被公开处决，因为她们的社会权力必须被摧毁——在迫害者眼中，这样的权力显然是重要的，即使她们是老年妇女。他们认为，老年妇女可以引诱年轻人走上邪路，传播一些禁忌的知识，比如关于帮助流产的植物的知识，而且她们承载着社区的集体记忆。正如罗伯特·穆赫姆布莱德（Robert Muchembled）所提醒我们的那样，老年妇女记住了那些做过的承诺、被背叛的信仰、财产的范围（尤其是土地）、习俗协议，以及谁应该对违反这些协议负责。① 就

---

① Robert Muchembled, *Culture populaire et culture des élites dans la France moderne (XVe-XVIIIe): Essai,* Paris: Flammarion, 1978.

如同《道路绘制》中的蓝色纱线一样，老妇人们挨家挨户地传播着故事和秘密，捆绑激情，将过去和现在的事情编织在一起。因此，对于那些一心想要摧毁过去、深入那些最难以察觉的生活习惯控制人们的行为、瓦解习俗和义务的改革精英来说，她们令人不安和恐惧。

历史上反复将妇女对权力结构的现实挑战描绘为恶魔的阴谋，直到我们的时代依然如此。麦卡锡对共产主义的"猎巫行动"和"反恐战争"都依赖这样的动力。将"罪行"夸大到神话般的程度以证明骇人听闻的惩罚是一种有效的手段，或者可以恐吓整个社会，将受害者孤立起来，阻止反抗，并使大量的人害怕采取曾被视为正常的行动。

女巫是她那个时代的共产主义者和恐怖分子，需要一种"文明"的动力来生产新的"主体性"和性别分工，而资本主义的工作纪律正是依赖于此。猎巫运动是一种教育欧洲妇女的手段，为了让她们了解自己新的社会任务，并挫败欧洲的"下层阶级"，让他们领教国家的力量，停止任何对其统治的抵抗。重要的不仅是摧毁"女巫"的身体，同时还要摧毁整个世界的社会关系，而这些关系是妇女社会权力的基础，也是得以在妇女之间世代相传的大量知识的基础——关于草药、避孕和堕胎的知识，关于用什么魔法来获得男人的爱。

这就是在每个村庄的广场上处决妇女时被消灭的东西，她们被以最卑鄙的形式示众：以铁链捆绑，施以火刑。当我们将这个场景乘以数千次地去想象，我们就会开始理解猎巫运动对欧洲来说意味着什么，不仅是它的动机，更是它的影响。

第五章
论"八卦"（gossip）的意义

如果我们要理解性别压迫是如何运作和再生产的，那么去追溯那些经常被用于定义和贬低妇女的词语的历史是一个必要的步骤。在此，"gossip"一词的历史具有典范意义。通过它，我们可以追踪从现代英国的开端以来，对妇女长达两个世纪的攻击。在这段历史中，一个通常被用于亲密的女性朋友之间的语词，转变为了一个表示闲聊、背后诽谤的词，也即指挑拨离间的谈话，与女性友谊所暗含和产生的团结正相反。将负面的含义附着在那些表达女性之间友谊的词语之上，破坏了曾在中世纪盛行的女性社交，当时的妇女大多从事集体性质的活动，至少在底层社会是如此，她们形成了一个紧密结合的社群，这是在现代社会中无可比拟的力量来源。

我们经常可以在当时的文献记载中找到这个词的蛛丝马迹。"Gossip"源自古英语中的"God"（上帝）和"sibb"（同族），最初的含义是指"教父教母"，即与受洗的孩子有灵性关系的人。然而，随着时间的推移，这个词的含义有所扩展。在近代早期的英格兰，"gossip"一词指的是在生产时的陪伴者，不仅限于助产师。它也是一个被用来指称女性朋友的用语，并不必然带有贬义。[1]无论是哪种情况，这个词都带有强烈的情感意味，当我们发现这个词在应用中表达前现代英国社会中妇女之间的联结时，就得知了这一点。

在《切斯特组剧》[2]（Chester Cycle）的其中一部神秘剧中，我们可以发觉具有这种意味的相关例子，表明了"八卦"是一个有强烈情感依附（attachment）的用语。神秘剧是同业工会成员的产物，他们通过创作和资助这些表演，试图提高他们作为当地权力结构一部分的社会地位。[3]

---

[1] 参考1361年—1873年《牛津英语词典》："一个熟悉的熟人，朋友，好友。"

[2]《切斯特组剧》为14世纪由25个基督教《圣经》剧构成的大型组剧，在英国北部城市切斯特上演，又称"神秘剧"，在夏季基督圣体节时连演三天。——译者注

[3] Nicole R. Rice and Margaret Aziza Pappano, *The Civic Cycles: Artisan Drama and Identity in Premodern England,* Notre Dame, IN: University of Notre Dame Press, 2015.

由此，他们致力于维护那些被期待的，讽刺那些应该遭到谴责的行为模式。他们批评那些强势、独立的女性，尤其是她们和丈夫的关系，谴责她们喜欢自己的朋友胜过自己的丈夫。正如托马斯·赖特（Thomas Wright）在《中世纪英国家庭礼仪和情感史》[1]中所记载的，他们经常描述她们过着独立的生活，经常"与她们的'gossips（女性友人）'在公共酒馆里聚会、喝酒和玩乐"。因此，在表现诺亚催促人和动物进入方舟的那一部神秘剧中，妻子和她的"gossips"坐在小酒馆里，丈夫叫她也拒绝离开，即使水位已经在上升，"除非允许她带她的'gossips'一起走"。[2]以下这些话，据赖特说，是神秘剧的作者让她说出的（而作者显然不赞成这些话）：

> 是的，先生，请扬起你的帆，
> 迎着这猛烈的冰雹向前划去，
> 因为毫无疑问，

---

[1] Thomas Wright, *A History of Domestic Manners and Sentiments in England during the Middle Ages,* London: Chapman and Hall, 1862.

[2] 关于诺亚的这一幕，详见 Rice, Nicole R., and Margaret Aziza Pappano. *The Civic Cycles: Artisan Drama and Identity in Premodern England.* Notre Dame, IN: University of Notre Dame Press, 2015, 165−184。

我不会离开这个小镇，

但我有我的 gossips，每个人

我不会再走一步。

她们不会被淹死，遵照圣约翰

而我可能会拯救她们的性命！

看在上帝的分上，她们很爱我

除非你让她们上你的船，

否则现在就划去你想去的地方

给自己找个新的老婆。①

在剧中，这一幕以妻子殴打丈夫的打斗而结束。

"小酒馆，"赖特指出，"是中下层妇女的圣地，她们聚集在那里喝酒和 gossip（闲聊）。"他补充说："小酒馆里聚集的 gossips（女性友人）构成了 15 世纪和 16 世纪英国和法国许多流行歌曲的主题。"②他引用了一首可能是 15 世纪中期的歌曲作为例子，描述了其中的一次聚会。这里的女

---

① Thomas Wright, *A History of Domestic Manners and Sentiments in England during the Middle Ages,* London: Chapman and Hall, 1862, 420-421.

② Thomas Wright, *A History of Domestic Manners and Sentiments in England during the Middle Ages,* London: Chapman and Hall, 1862, 437-438.

人"偶然相遇",决定去"酒最好的地方",她们两两结伴,以免引起丈夫的注意。① 然后她们走不同的路回家,"告诉她们的丈夫她们去了教堂"。②

神秘文学和道德剧属于一个过渡时期,在这一时期,妇女依然保持着相当程度的社会权力,但由于行会(赞助了戏剧的制作)开始将妇女排除在外,并在家庭和公共空间之间建立新的界限,妇女在城市的社会地位也就日益受到威胁。并不令人惊讶的是,剧中的女性常常遭强烈谴责,并被表现为好争执、有攻击性的,随时准备与丈夫对着干。这种形象的典型出现在"为马裤而斗争"中,女性作为支配者(dominatrix)出现,鞭打她的丈夫,跨坐在他的背上,这种角色的颠倒显然是想要羞辱那些允许让他们的妻子"在上面"的男人。③

---

① 一个人说:"如果我的丈夫看见我在这里,上帝会给我两鞭子。""不,"另一个人,爱丽丝说,"害怕的人应该回家去;我不害怕男人。"Thomas Wright, *A History of Domestic Manners and Sentiments in England during the Middle Ages,* London: Chapman and Hall, 1862, 438.

② Thomas Wright, *A History of Domestic Manners and Sentiments in England during the Middle Ages,* London: Chapman and Hall, 1862, 439.

③ 关于对专横妻子的攻击,详见 D. E. Underdown, "The Taming of the Scold: The Enforcement of Patriarchal Authority in Early Modern England," in *Order and Disorder in Early Modern England*, eds. Anthony Fletcher and John Stevenson, Cambridge: University of Cambridge Press, 1986, 129。

这些讽刺的再现，是一种日益增长的厌女情绪的表达，对于维持只有男性的行会政治起到了作用。但是，将妇女表现为强壮的、自信的角色，也抓住了当时性别关系的本质，因为无论是在乡村还是在城市，妇女都不依靠男人生存；她们有自己的活动，和其他妇女分享她们的生活，并和其他妇女一起工作。她们缝纫、洗衣服，生育时有其他妇女陪伴身旁，男人严禁进入分娩室。她们在法律上的地位反映了这种更大的自主权，在14世纪的意大利，如果有一个男人攻击或骚扰她们，妇女们可以自己单独去法院告发他。[1]

然而，到了16世纪，女性的社会地位开始恶化，可以毫不夸张地说，原本对妇女的讽刺被针对妇女的战争所取代，尤其是对于下层妇女来说，这反映在更多的妇女被抨击为"泼妇"（scolds）、专横的妻子及被指控使用巫术。[2]随着这一发展，我们可以发觉八卦的含义发生了改变，越来越多地被用来指那些嚼舌根（idle talk）的妇女。

---

[1] Samuel K. Cohn, "Donne in piazza e donne in tribunale a Firenze nel rinascimento," *Studi Sorici* 22, no. 3 (July–September 1981): 531–532.

[2] 详见 D. E. Underdown, "The Taming of the Scold: The Enforcement of Patriarchal Authority in Early Modern England," *Order and Disorder in Early Modern England*, eds. Anthony Fletcher and John Stevenson, Cambridge: University of Cambridge Press, 1986, 116–136。

传统的意义依然在延续。当塞缪尔·罗兰兹（Samuel Rowlands）于 1602 年写下《八卦的快乐时光》(*Tis Merrie When Gossips Meete*) 这篇讽刺文章，描述三个伦敦妇女在酒馆里花几个小时谈论男人和婚姻时，这个词依然指代女性友谊，意味着"妇女可以创造自己的社交网络和社会空间"，并以此对抗男性权威。[1] 但随着一个世纪的发展，这个词的负面意味占了主导。正如之前所提及的，这样的转变是和家庭中的父权权威加强与妇女被排除在手工业、行会之外同时发生的，[2] 这些都和圈地进程一起，导致了"贫困的女性化"。[3] 随着家庭和家庭中男性权威的巩固——这代表了一种国家对妻子和孩子的权力，以及由于失去了曾经的谋生手段，妇女的权力和女性的友谊都被削弱了。

因此，虽然在中世纪晚期，妻子仍然可以被表现为对抗自己的丈夫，甚至对他动手，但到了 16 世纪末期，她的

---

[1] Bernard Capp, *When Gossips Meet: Women, Family, and Neighbourhood in Early Modern England,* Oxford: Oxford University Press, 2003, 117.

[2] 在英国以及法国、德国和荷兰，关于妇女被排除在手工业和行会之外的文献有很多。关于英国的情况，详见 Alice Clark, *Working Life of Women in the Seventeenth Century,* London: Routledge & Kegan Paul, 1982［1919］。

[3] Marianne Hester, "Patriarchal Reconstruction and Witch Hunting," in *Witchcraft in Early Modern Europe: Studies in Culture and Belief,* eds. Jonathan Barry, Marianne Hester, and Gareth Roberts, Cambridge: Cambridge University Press, 1996, 302.

任何独立表现和对丈夫的任何批评都会遭受严厉的惩罚。服从——正如当时的文学作品中所不断强调的那样——是妻子的主要职责，教会、法律和公共舆论加强了这种看法，并最终由针对"泼妇"的严酷惩罚来实现，比如"泼妇辔头"（scold's bridle），也被称为"布兰克斯"（branks），一种由金属和皮革制成的施虐装置，一旦妇女试图开口说话就会撕开她的舌头。这是一个可以把妇女的头围起来的铁质框架，带有一个大约两英寸长、一英寸宽的辔头可以伸进嘴里，并压在舌头上，通常布满了尖刺，只要违抗者动一下舌头就会疼痛不已，让说话变得不可能。

这种折磨装置于 1567 年在苏格兰被首次记录，用于惩罚那些被视为"唠唠叨叨""骂骂咧咧"或行为放荡的下层妇女，而这些妇女通常被怀疑为女巫。那些被视为女巫、悍妇和泼妇的妻子也被迫在头上锁扣住这种装置。[①] 这种装置通常也叫"八卦辔头"（gossip bridle），证实了"gossip"一词含义的转变。那些被指控的妇女，戴着这样

---

① 详见 D. E. Underdown, "The Taming of the Scold: The Enforcement of Patriarchal Authority in Early Modern England," *Order and Disorder in Early Modern England*, eds. Anthony Fletcher and John Stevenson, Cambridge: University of Cambridge Press, 1986, 123。

一个锁住她们头和嘴的枷锁,被带领着穿过城镇,遭受残酷的公开羞辱,这一切肯定会让所有妇女害怕,因其展示了如果妇女不保持顺从,等待着她的将是怎样的后果。值得一提的是,在美国的弗吉尼亚,直到18世纪,这种装饰都是用来控制奴隶的。

那些敢于表达自己/反叛的妇女遭受的另一种酷刑是"荡妇椅"(cucking stool)或"浸水刑凳"(ducking stool),① 也用于惩罚妓女和那些参加反圈地叛乱的妇女。妇女被绑在这种椅子上,"坐在上面被扔进池塘或河里"。根据 D. E. 昂德当(D. E. Underdown)的说法,在 1560 年之后,采取这种方式的记录开始增多。②

妇女还被带到法庭,并因为"骂街"而被罚款,牧师们则在布道的时候对她们的舌头大加挞伐。妻子们尤其被

---

① 详见 D. E. Underdown, "The Taming of the Scold: The Enforcement of Patriarchal Authority in Early Modern England," *Order and Disorder in Early Modern England*, eds. Anthony Fletcher and John Stevenson, Cambridge: University of Cambridge Press, 1986, 123−125;以及 S. D. Amussen, "Gender, Family and the Social Order, 1560−1725," Fletcher and Stevenson, *Order and Disorder in Early Modern England*, 215。

② D. E. Underdown, "The Taming of the Scold: The Enforcement of Patriarchal Authority in Early Modern England," *Order and Disorder in Early Modern England*, eds. Anthony Fletcher and John Stevenson, Cambridge: University of Cambridge Press, 1986, 123.

要求保持安静，"要无条件地服从丈夫"，且"敬畏他们"。最重要的是，要求她们视自己的丈夫和家庭为她们关注的中心，不要在窗前或门前逗留太久。她们甚至被劝阻在婚后过多地拜访家人，尤其是不要与她们的女性朋友待在一起。继而，在1574年"发布了一项公告，禁止妇女为了闲聊而见面"，并且命令丈夫"把妻子关在家里"。[①]女性间的友谊是猎巫的目标之一，在审判的过程中，被指控的妇女在酷刑之下被强迫互相揭发，朋友告发朋友，女儿告发母亲。

正是在这样的语境下，"gossip"从一个表达友谊和喜爱之情的词变成了一个诋毁和嘲讽的词。即使在使用旧的含义时，新的意味也会展现出来：gossip一词在16世纪末代指一个非正式的妇女团体，她们通过个人审查或公共仪式来加强社会可接受的行为，这表明了（比如在助产师的例子中）妇女之间的合作是为维持社会秩序而服务的。

八卦（gossiping）和女性视角的形成

八卦在今天指的是非正式的谈话，通常使其谈论的对

---

① Louis B. Wright, *Middle-Class Culture in Elizabethan England*, Ithaca, NY: Cornell University Press, 1965［1935］.

象受到伤害。它主要是指那些从不负责任地贬低他人中获得满足感的谈话，是不为公众所知的信息流通，但足以毁掉一个人的声誉，而且它明确地指向"妇女之间的谈话"。

是女人在那里"八卦"，因为她们没什么更好的事情可做，也没什么可以获取真正知识和信息的途径，并在结构上没有能力构建基于事实的、理性的对话。因此，八卦是贬低女性的一个组成部分，特别是在家务中，据说这是八卦盛行的理想场所。

正如我们所看到的那样，"八卦"的概念是从一个特定的历史语境中产生的。如果从另一个文化传统的视角来看，这种"妇女之间的闲谈"会显得非常不一样。在世界的很多地方，妇女在历史上被视为历史的编织者——是那些让过去的声音和社群的记忆保持鲜活的人，并通过将它们传递给未来的一代，创造一种集体的认同和深刻的联结感。她们传承已经习得的知识和智慧——关于医治的方法、心灵的问题以及对人类行为的理解，首先是那些男人的行为。给所有这些知识的生产贴上"八卦"标签是贬低妇女的一部分——这是魔鬼学家对女性刻板印象构建的延续，认为女性容易产生恶意，并嫉妒他人的财富和权力，随时准备着听从魔鬼的安排。妇女正是以这种方式被压制，至今被排除在许多决策的场合之外，被剥夺了定义自己经历的可能性，并且被迫应对男人对她们或是厌女或是理想化的描述。但我们正在重新获得我们的知识，正如一位妇女最近在一次关于巫术意义的会议上所说的，魔法就是"我们知道我们知道"。

第二部分
资本积累的新形式和我们时代的猎巫运动

第六章
全球化、资本积累和针对妇女的暴力：
国际化与历史的视角*

从新形式的猎巫运动在世界各地蔓延，到世界范围内每天被谋杀的女性人数增加，越来越多证据表明，一场针对女性的新战争正在展开。其背后的动机和逻辑又是什么呢？基于越来越多主要是由拉丁美洲的女权活动家／学者编写的相关文献，我通过将这种新形式的暴力放置在历史语境之下来切入这个问题，并且审视过去和现在的资本主义发展对于女性生存和性别关系的影响。在此背景下，我还研究了这种暴力的不同形式——家庭的、家庭以外的、制度化的——与全世界妇女为结束这种暴力而采取的抵抗战略之间的关系。

导　言

自女权运动开始以来，针对妇女的暴力一直是女权主义组织的一个关键议题，促成了第一个针对侵害妇女罪的国际法庭的成立，它于1976年3月在布鲁塞尔举行。来自40个国家的妇女出席，讨论了关于强迫生育和绝育、强奸、殴打、在精神病院监禁以及在监狱中残酷对待妇女的情况。[①] 从那时起，女性主义群体中的反暴力倡议成倍增加，各国政府在联合国妇女问题世界会议之后通过的法律也是如此。但是，针对妇女的暴力非但没有减少，反而在世界各地不断升级，以至于女权主义者现在将其致命的形式描述为"杀害女性"（femicide）。女性被杀害和被虐待的事件不仅在数量上持续增加，还变得更加公开、更加残酷，正如女权作家向我们展示的那样，还出现了曾经只在战乱时期才得见的形式。[②]

[①] 详见 See Diana E. H. Russell and Nicole Van de Ven, ed., *Crimes against Women: Proceedings of the International Tribunal*, 2nd ed. Berkeley: Russell Publications, 1990［1976］, accessed May 3, 2018, http://womenation.org/wp-content/uploads/2013/09/ Crimes_Against_Women_Tribunal.pdf。

[②] 其中最重要的是阿根廷学者和运动者丽塔·劳拉·塞加托（Rita Laura Segato）的工作，详见 Rita Laura Segato, *La escritura en el cuerpo de las mujeres asesinadas en Ciudad Juárez: territorio, soberanía y crímenes de segundo estado,* Mexico City: Universidad del Claustro de Sor Juana, 2006; Rita Laura Segato, *Las nuevas formas de la guerra y el cuerpo de las mujeres,* Puebla: Pez en el Árbol, 2014。

这种增长的驱动力是什么，它又能告诉我们全球经济和女性社会地位正在发生什么变化？对这些问题的答案不尽相同，但越来越多的证据表明，这种新的暴力浪潮的根本原因是资本积累的新形式，其中包括剥夺土地、破坏社群关系以及加剧对妇女身体和劳动力的剥削。

换而言之，针对女性的新形式暴力植根于结构性的趋势，而这些趋势在任何时候都是资本主义发展和国家权力的组成部分。

资本主义及针对女性的暴力

资本主义发展始于一场对妇女的战争：16世纪和17世纪的猎巫行动，在欧洲和新大陆导致了成千上万的人死亡。正如我在《凯列班与女巫》（2004）中所写的那样，这一历史上前所未有的现象是马克思定义为原始积累过程的核心要素，因为它摧毁了一个女性作为主体并开展实践的世界，这个世界阻碍了发展中的资本主义制度的主要要求：积累大量的劳动力并强制施加一个更具有约束力的劳动纪律。将女性命名为"女巫"且加以迫害，为欧洲妇女被限制在无偿家务劳动中铺平了道路。这使得她们在家庭内外从属于男性的地位合理化，让国家控制了她们的生育能力，保障了新一代劳动力的生产。通过这种方式，猎巫行动构建了一种有针对性的资本主义父权秩序，这种秩序一直延续到现在，尽管它一直在不断调整，以应对妇女的反抗和劳动力市场不断变化的需求。

从被指控为施展巫术的妇女所遭受的酷刑和处决中，其他妇女很快就了解到，她们必须顺从和沉默，必须接受苦役和男人的虐待，才能被社会接受。直到18世纪，针对那些反抗的人都有一种被称为"泼妇辔头"（scold's bridle）的刑具，是一种金属和皮革的装置，也被用于奴隶，它包裹着佩戴者的头部，如果她试图说话，就会割开她的舌头。在美国的种植园里也发生了性别歧视性的暴力，到了18世纪，由于种植园主试图用以弗吉尼亚州[①]为中心的本地生产奴隶来取代从非洲进口奴隶，主人对于女性奴隶的性侵犯已经成为一种系统的强奸政策。

针对妇女的暴力并没有随着猎巫和奴隶制的结束而消失，相反，它被规范化（normalized）了。在优生学运动高峰时期的20世纪二三十年代，女性的"性滥交"被视为

---

① Ned Sublette and Constance Sublette, *The American Slave Coast: A History of the Slave-Breeding Industry,* Chicago: Lawrence Hill Books, 2016.

一种低能，通过将她们送入精神病院或是绝育①来进行惩罚。对有色人种妇女、贫困妇女以及有婚外性行为妇女的绝育一直持续到20世纪60年代，在南方和北方都是如此，成为"美国增长最快的节育方式"。②针对妇女的暴力中还必须包括20世纪50年代广泛使用的脑叶白质切除术，作为治疗抑郁症的方法，这种手术被认为是那些注定要从事家务劳动的妇女的理想选择，假设了家务劳动不需要大脑。

最为重要的是，正如焦万纳·弗兰卡·达拉·科斯塔（Giovanna Franca Dalla Costa）在《爱的工作》（*Un lavoro d'amore*，1978）里提到的那样，在核心家庭中，暴力一直是一种潜台词、一种可能性，因为男性通过其工资，被赋予了监督女性在家中无偿劳动的权力，他们将妇女看作自己的仆人，并且惩罚她们不接受自己的工作。这就是为什么男性的家暴直到最近才被视为一种犯罪。在国家将家长惩罚孩子的权利合法化，将其作为培训未来工人的一部分

---

① 在20世纪30年代发表在《新大众》杂志上的一组文章中，梅里德尔·勒苏尔描述了在大萧条期间，那些接受救济的、失业的工人阶级妇女，如何生活在被社会工作者绑架、收容或强制绝育的恐惧中。Meridel Le Sueur, *Women on the Breadlines*, 2nd rev. ed. New York: West End Press, 1984［1977］.

② Dorothy Roberts, *Killing the Black Body: Race, Reproduction, and the Meaning of Liberty*, New York: Vintage Books, 2016［1997］, 90–91.

的同时，法院和警察也容忍了针对妇女的家庭暴力，将其视为对于妇女不做家务的合理回应。

虽然针对妇女的暴力已经被视为家庭和性别关系的一个正常的结构性部分，但在过去几十年间所发生的事情还是超出了常规。华雷斯城（Ciudad Juárez）的谋杀案就是一个典型案例，一个与得克萨斯州埃尔帕索市（El Paso）隔着边境的墨西哥城市，在过去的20年间，有数百名妇女在这里失踪，而在公共场所经常可以发现她们遭受折磨的尸体。这个案例并不是孤立的，绑架和谋杀妇女在今天的拉丁美洲是一种日常，这种日常唤起了人们对20世纪80年代血洗该地区许多国家的"肮脏战争"（dirty war）的回忆，因为资产阶级想要通过颠覆世界来巩固它们的权力，而这种权力在20世纪60年代和70年代被反殖民主义、女权主义和反种族隔离的斗争（如黑人民权运动）所削弱。而资产阶级则凭借攻击人们的再生产能力和建立一个永久的战争制度来实现它对于世界的颠覆。

换言之，我的论点是，如果我们正在目睹针对妇女的暴力，尤其是针对非洲裔和美洲原住民妇女的暴力升级，那是因为"全球化"是一个政治再殖民的过程，旨在让资本对世界的自然财富和劳动力拥有不可争议的控制权，而要实现这一目标，就离不开打击妇女，因为妇女们直接负责着社群的再生产。并不令人惊讶的是，对妇女的暴力在那些自然资源更为丰富的地区（诸如撒哈拉以南的非洲、拉丁美洲、东南亚）更为激烈，这些地区如今被商业投资所关注，同时，这些地区的反殖民斗争也是最强烈的。残害妇女对于"新圈地"来说是实用的，[①]这为多年来一直在破坏整个地区的土地掠夺、私有化和战争铺平了道路。

攻击妇女的残酷性往往都是如此极端，以至于甚至看不出任何功利性的目的。参考在拉丁美洲的准军事组织对妇女身体的折磨，丽塔·劳拉·塞加托（Rita Laura Segato）谈到了一种"表现性的暴力"和"示范性的残忍"（pedagogical cruelty），认为他们的目的在于恐吓，首先向妇女传递这样的信息，然后通过妇女将这样的信息传递给所有人，不要期待任何的怜悯。[②]通过清除大片土地上的居民，迫使人们离开他们的家、他们的土地和他们的祖先之

---

① "新圈地"的概念在《午夜笔记》（*Midnight Notes*）系列中得到了阐述，指的是结构调整和公共土地制度的破坏给非洲和其他曾经的殖民地区带来的后果。详见 Midnight Notes Collective, *The New Enclosures, Midnight Notes,* no. 10 (1990), accessed June 13, 2018, https://libcom.org/files/mn10-newenclosures.pdf。

② Rita Laura Segato, *La escritura en el cuerpo de las mujeres asesinadas en Ciudad Juárez: territorio, soberanía y crimenes de segundo estado,* Mexico City: Universidad del Claustro de Sor Juana, 2006, 22-23.

地，针对妇女的暴力是矿业和石油公司业务的一个重要组成部分，正在使几十个在非洲和拉丁美洲村庄里的人流离失所。这是世界银行和联合国国际组织任务的另一面，这些机构塑造了全球的经济政策，制定采矿规则，并最终对在新殖民条件下公司的在地运作负责。事实上，我们必须转向他们的职责和发展计划来理解这样一种逻辑：在刚果民主共和国的钻石、钶钽铁矿石和铜矿区的民兵们将强奸作为一种武器，或是危地马拉的士兵用刀割开孕妇的肚子，而这些继续被描述为反叛乱的战争。塞加托是对的，如此的暴力不可能出现在任何社区的日常生活中，它是"操作手册式的暴力"，必须经过计划、计算，并在最大限度保证不会受到惩罚的情况下进行，就如同今天的矿业公司用致命的化学物质污染土地、河流和小溪也全然不会遭到惩罚一样，而那些在当地靠这些资源生活的人，如果敢于反抗则会被警卫送入监狱。无论谁是直接的肇事者，只有强大的国家或机构才能为这样的破坏开绿灯，来保证这些肇事者永远不会被绳之以法。

需要强调的是，针对妇女的暴力是这场新的全球战争的关键因素，不仅仅是因为它所唤起的恐怖氛围或是它所传达的信息，还因为妇女在社群的联结上所表现的能力，以及同样重要的是，在捍卫非商业概念上的安全和财富的能力。例如，在非洲和印度，直到最近，妇女才有机会获得公共土地，并将其大部分的工作时间用于自给自足的农作。但是，公共土地的使用权和自给自足的农业都遭到了严重的制度性打击，世界银行斥之为全球贫困的原因之一，认为土地是一种无价值资产，除非它被合法登记并被抵押以获取银行贷款，从而用于创业活动。

在现实中，正是由于这些自给的农业，很多人才能在残酷的紧缩政策下存活。但是，类似世界银行这样的批评，在与政府当局和地方领导人举行的数十次会议上反复出现，在非洲和印度都取得了成功。因此，妇女被迫放弃了自给自足的生产，而作为丈夫的助手从事商品生产。正如玛丽亚·米斯（Maria Mies）所观察到的那样，这种被迫依赖丈夫是乡村地区妇女被"纳入发展"的特殊方式之一，而发展本身就是一个暴力的过程。它不仅以"父权制下男女关系中本来就有的暴力为保障"，还贬低了妇女的价值，由此社群中的男人就可以将她们视为没用的人，尤其是当她们上了年纪的时候，从而可以无所顾忌地占有他们的资产和劳动。

土地所有权的法律规范的改变以及可被视作价值来源

的观念变化，或许也是 20 世纪 90 年代以来妇女身处悲惨处境的根源，尤其是非洲和印度猎巫行动的回归。许多因素促成了猎巫的重新出现，其中包括几十年的贫困化以及艾滋病和其他疾病肆虐而导致的社群团结的瓦解，在这些社群中，营养不良现象十分猖獗，医疗系统已经崩溃。雪上加霜的是，新加尔文教派的传播，宣传了贫穷是由个人缺点或女巫的邪恶行为所造成的。但值得注意的是，总是在那些被指定用于商业项目或是正在土地私有化的地区（比如在印度的部落社群），以及当被指控者拥有一些可以被没收的土地时，巫术指控更加频繁。尤其是在非洲，受害者是那些独自生活在某块土地上的老年妇女，而指控者是他们社群中的年轻人，甚至是她们自己的家人，通常总是那些没有工作的年轻人，认为这些年老的妇女占有了本应该属于他们的东西，他们可能会被那些躲在暗处的人操纵，包括地方的领袖，这些人往往和商业利益有所勾结。[①]

新的资本积累形式还以其他方式煽动了针对妇女的暴力。失业、不稳定的工作和家庭收入的崩溃是关键。由于

[①] 关于非洲的猎巫活动，详见本书第七章《猎巫、全球化和今天在非洲的女权主义团结》。

没有了收入，男人们将他们的挫折感发泄在家里的女性身上，或是试图通过剥削妇女的身体和工作来挽回损失的金钱与社会权力。印度的"嫁妆谋杀"就是这种情况，如果妻子没有带来足够的资产，中产阶级的男性就会将其杀害，或者是为了和别的女人结婚并获得另一份嫁妆而将现任的妻子杀害。另一个例子是性贩卖，作为性产业扩张的关键一环，它主要由男性犯罪组织经营，能够以"最粗暴的形式"强制施加奴隶般的劳动。[1]

在这里我们可以看到，个人的微观政治模仿和制度化的宏观政治相融合。对于资本以及那些陷入不稳定状态的男性来说，女性的价值越来越多地体现在通过在市场上出售自己的劳动力和身体来提供的有偿廉价劳动上，而不再体现在无偿的家务劳动上，因为后者需要男人挣来的稳定的工资来支持，而这种稳定的工资收入是当代资本主义所决心要淘汰的，除了一些少部分人所从事的领域。妇女所要操持的家务以及生产下一代的工作并没有消失，但社会不再能接受她们仅仅只做这些。相反，怀孕往往成为一种累赘，大大提升了妇女面对暴力的脆弱性，因为男人往往

---

[1] Maria Mies, *Patriarchy and Accumulation on a World Scale,* London: Zed Books, 2014［1986］, 146.

反感其带来的责任感。因此，这种新出现的政治经济体制助长了在家庭关系中的暴力，因为妇女们被期待不再依靠男人，并为家庭带来财富，但如果她们在家务上做得不够好，或者要求更多的权力以承认她们在经济上的贡献，她们就会遭到虐待。

为了养家糊口，妇女需要离家、移民，将她们的再生产工作带到街上（作为小贩、商人、性工作者），这也带来了针对她们的新形式的暴力。事实上，所有证据都表明，将妇女纳入全球经济是一个暴力的过程。众所周知，从拉丁美洲来的移民妇女会服用避孕药，是为了应对被现已军事化的边境警察强奸，那些在街上作为小贩的妇女会和那些试图抢走她们货物的警察发生冲突。正如朱尔·法尔凯（Jules Falquet）所指出的那样，正因为妇女从为一个男人服务到为几个男人服务（做饭、清洁、提供性服务），传统的约束形式被打破，使得妇女面对虐待时更加脆弱。个体的男性暴力也是对于妇女更坚定地要求自主权和经济独立的回应，更简单地说，是对正在兴起的女权主义的反击。①

①　Jane Caputi and Diana E. H. Russell, "Femicide: Sexist Terrorism Against Women," Femicide: *The Politics of Woman Killing*, eds. Jill Radford and Diana E. H. Russell, New York: Twayne Publishers, 1992, 13-21.

这样的暴力就像是 1989 年 12 月 6 日在蒙特利尔（Montreal）综合理工大学（École Polytechnique）发生的那场屠杀一样，一个男人冲进了教室，把男人和女人分开，边向女人开枪边喊"你们都是该死的女权主义者"，有 14 位女性被杀害。厌女也和种族主义杂糅在一起，在美国，自从 20 世纪 80 年代以来，针对女性的谋杀案件就在以一年增长 3 000 起的速度逐步攀升，但那些遭到谋杀的有色人种女性得到的媒体关注总是更少，只需要看看在洛杉矶和其他城市对那些低收入非裔美国妇女的连环凶杀案调查的速度就不难发现，与白人女性的谋杀案相比，有色人种女性的谋杀案不太可能得到媒体的关注或得到解决。对跨性别的恐惧也可能和厌女相结合，在 2010 年到 2016 年间，至少有 111 名跨性别者以及性别不顺从者（gender-nonconforming people）① 在美国被谋杀，其中大多数是黑人跨性别女性。根据全国反暴力联盟项目（National Coalition of Anti-Violence Programs）的数据统计，有 23 起杀人事件发生在 2016 年，是有记载以来的最高纪录。在加拿大，种族暴力也在不断攀升，数十名妇女消失，其中大多数是美洲

① gender-nonconforming 指的是任何一种与社会规范、文化期待不符的性别表达。——译者注

原住民（Native American），最后在现在被称作"泪水公路"①的地方被发现死亡。

这些形式的暴力显然不同于准军事部队、毒枭和公司的私人警卫或保安对妇女实施的暴力。然而，它们却有着深刻的联系。正如谢拉·梅恩特耶斯（Sheila Meintjes）、阿努·皮莱（Anu Pillay）和梅瑞达斯·图尔森（Meredeth Turshen）所指出的，②将战争时期与和平时期的暴力联系起来的是对女性自主权的剥夺，而这又与性控制和资源分配有关。玛丽亚·米斯也指出："在所有这些基于暴力和胁迫的生产关系中，我们可以观察到男人（父亲、兄弟、丈夫、皮条客、儿子）、父权制家庭、国家以及资本企业之间的互动关系。"③家庭暴力和公共的暴力（即军事或准军事暴力、猎巫活动）也彼此助长，妇女往往不揭发她们所遭受的虐待，因为她们害怕被家庭抛弃或是遭受

---

① Dan Levin, "Dozens of Women Vanish on Canada's Highway of Tears, and Most Cases Are Unsolved," *New York Times*, May 24, 2016, accessed May 9, 2018, https://www.nytimes. com/2016/05/25/world/americas/canada-indigenous-womenhighway-16.html.

② Sheila Meintjes, Anu Pillay, and Meredeth Turshen, ed., *The Aftermath: Women in Post-conflict Transformations,* London: Zed Books, 2001.

③ Maria Mies, *Patriarchy and Accumulation on a World Scale*, London: Zed Books, 2014［1986］, 146.

更进一步的暴力。另一方面，制度上对于家庭暴力的容忍塑造了一种有罪不罚的文化，这促使了针对妇女的公共暴力的正常化。

在上述所有的案例中，针对妇女的暴力都是物理意义上的，然而，经济和社会政策，以及再生产的市场化所带来的暴力也不容忽视。削减福利、就业和社会服务所造成的贫困本身就应该被视作一种暴力的形式，同样应该被视作暴力的还有不人道的工作条件，例如在马基拉（maquila）[①]发现的新形式的奴隶种植园，没有医疗保障，无法选择流产，堕胎女婴，以"人口控制"之名在非洲、印度及拉丁美洲对妇女实施绝育，还有"小额信贷"——通常对那些无法还贷的人会造成灾难性的后果——这些都是极其严重的暴力形式。除此之外，我们还必须要加上日常生活的军事化，伴随着对有攻击性的、厌女的男性气概的美化。正如朱尔·法尔凯所言，武装人员的激增和新的性别分工的发展，大多数只对男性开放的工作（作为私人家庭保镖、商场保安、监狱看守、帮派和黑手党成员，以

---

① Maquiladora，缩写为 maquila，是一种位于墨西哥北部边境的工厂，有时也位于中美洲的其他地方，组装低成本的出口产品，相当于拉丁美洲的出口加工区。——译者注

及正规军或私人军队的士兵）都需要暴力，在塑造日益有害的男性气质[1]方面起着核心作用。数据显示，那些杀人的往往是本身就对武器比较熟悉或是可以接触到武器的男性，或是习惯于用暴力解决问题的人。在美国，他们往往是警察或者伊拉克或阿富汗战争的老兵，在这样的背景下，美国军队中针对妇女的暴力程度很高也是一个重要因素。正如弗朗茨·法农（Frantz Fanon）在提及那些被派去折磨阿尔及利亚反抗者的法国人时所指出的，暴力是不可分割的：你不可能只是将其作为职业而不发展出一种暴力的性格并将其带回家。媒体构建和传播高度性感化的女性气质范型加剧了这一问题，公开地招致性骚扰并促成一种厌女文化，在这种文化中，女性对自主权的渴望被贬低，而沦入性挑逗的地位。

鉴于女性所面临的无处不在的暴力，也必须组织在多条阵线上抵抗暴力。行动已经展开，我们尽量回避那些无效的解决方案，比如要求更多的惩罚性立法，这只会直接或间接地让对问题负责的权威部门获得更多权力。更为有

---

[1] Jules Falquet, "Hommes en armes et femmes 'de service': tendances néolibérales dans l'évolution de la division sexuelle internationale du travail," *Cahiers de Genre* no. 40 (2006): 15–37.

效的是女性在将事情掌握在自己手中时制定的策略，尤其成功的是让那些使用庇护所的妇女自己来掌管庇护所，而不是那些权威部门；组织防身课，并组织有广泛包容性的游行活动，比如起源于20世纪70年代的"夺回黑夜"（Take Back the Night）游行，或是由印度妇女组织的反强奸和嫁妆谋杀游行，她们往往都会在肇事者的社区或警察局前静坐。近年来，我们还看到在非洲和印度都兴起了反猎巫运动，男男女女从一个村庄到另一个村庄，普及关于疾病成因的知识，以及让人们看清那些推动传统男性治疗师、地方领袖和其他经常指控女巫者背后的利益是什么。在危地马拉的一些地方，妇女已经开始记下那些对她们施暴的士兵的名字，并在他们所在的村庄里揭发他们。无论在什么情况下，女性决定打破她们原本孤立的状态，并与其他女性联合起来反击，这都对这种努力的成功而言至关重要。但是，如果我们不重新评估女性的处境以及她们的再生产活动对其家庭和社群做出的贡献，这样的策略无法产生持久的变化，除非女性可以获得足以独立于男性的资源，如此一来，她们才能不被生存所迫而不得不去接受危险且具有剥削性质的工作条件和家庭关系。

* 本文是根据我在一次关于"杀害女性"的论坛（Buenaventura, Colombia, March 5-29, 2016）上的发言修改而成的，编辑后的版本《不宣之战：针对妇女的暴力》（"Undeclared War: Violence Against Women"）发表在《日常生活的政治》特刊上 ["The Politics of Everyday Life," special issue, *Artforum* 55, no. 10 (Summer 2017): 282-288.]。

第七章
猎巫、全球化和今天在非洲的女权主义团结

　　猎巫并没有随着奴隶制的废除而从资产阶级的舞台上消失，相反，殖民化和基督教化所实现的资本主义的全球扩张，确保了将这种迫害植入被殖民社会的体内，并且，会及时地由那些已经被征服的社群以自己的名义反对他们自己社群的成员来实施。

　　　　　　　　　——《凯列班与女巫：妇女、身体与原始积累》

　　当我在《凯列班与女巫》（2004）的末尾谈及猎巫作为一种全球现象，以及在20世纪八九十年代非洲和世界其他地区发生的猎巫运动时，我对这些迫害在欧洲和美国鲜有提及表示担忧。今天，世界范围内关于猎巫回归的文献越来越多，同样的，媒体对猎巫的报道也越来越多，不仅

仅是来自非洲，还来自印度、尼泊尔以及巴布亚新几内亚。然而，除了少数的例外情况，[①] 社会正义运动甚至女权组织都对此缄默不语，尽管受害者中女性占据了多数。

当我说猎巫运动时，我指的是那些年轻的男性义警或自称的女巫发现者对"女巫"的一再讨伐，往往导致被指控者被杀害或被没收财产。尤其是在非洲，在过去的20年间，这已经成为一个严重的问题，一直持续到今天。仅仅在肯尼亚，自从1992年以来，已经有超过100人被杀害，主要发生在西南部的基西（Kisii）地区。[②]

---

① 一个例外是印度电影导演拉希·维尔马（Rakhi Verma）拍摄的《印度猎巫运动》的纪录片，该片赢得了 Show Real Asia（Singapore，April 20, 2005）的最佳影片。详见 Savvy Soumya, "Film on Witches Casts a Spell—Documentary Features in the Nomination List of Magnolia Award," *Telegraph*, May 12, 2005, accessed June 13, 2018, https://www.telegraphindia.com/1050512/asp/ jharkhand/ story_4722935.asp。目前在印度，正如雷切尔·努韦尔（Rachel Nuwer）所报道的那样："一个由女性领导的草根运动正在对这种做法进行反击。一些当地妇女的小团体已经将废除猎巫活动纳入其议程。" https://www. smithsonianmag. com/smart-news/women-shut-down-deadlywitch-hunts-in-india-yes-that-still-happens-26095379/; "Women Shut Down Deadly Witch Hunts in India (Yes, That Still Happens)," Smithsonian.org, September 5, 2012, accessed June 13, 2018, https://www.smithsonianmag.com/smart-news/ women-shut-down-deadly-witch-hunts-in-india-yes-that-stillhappens-26095379/#m63SL6CXqA04c8ot.99.

② 根据奥根博的说法，仅仅是在基西地区，截至2002年4月9日，"有超过100人被残忍地杀害"。详见 Justus M. Ogembo, *Contemporary Witch-Hunting in Gusii, Southwestern Kenya,* Lewiston, NY: Edwin Mellen Press, 2006。在此之后，还有更多的人被杀害，详见 "'Witches' Burnt to Death in Kenya,"（转下页）

自那以后，有关"猎杀女巫"的报告成倍增加，如今已经有数以千计起事件并且猎杀活动一直持续到今天。正如加纳社会学家门萨·阿丁格拉（Mensah Adinkrah）所指出的："近年来在非洲，针对那些被怀疑，或是被指控为女巫的人施加暴力已经成为侵犯人权的主要形式。很多当地和国际媒体都报道了许多人由于被怀疑施展巫术而受到威胁、恐吓、酷刑或谋杀。"[①]

如今，巫术指控和谋杀主要是人类学家研究的领域，然而所有的女权主义者，不论是在南半球还是北半球，都应该关注这个问题。除了给那些遭到指控的人带来难以言喻的痛苦，以及制造了一种厌女的意识形态从而贬低所有妇女之外，它们还给受影响的社群带来了毁灭性的影响，尤其是对年轻一代而言。它们也是经济全球化影响的象征，进一步表明了巫术指控助长了男性对女性的暴力升级。

接下来，我将讨论非洲的猎巫活动，研究其动机，并提出女权主义者针对这些迫害可能采取的举措。我的观点

（接上页）BBC News, May 21, 2008, accessed June 2018, http://news.bbc.co.uk/2/hi/africa/7413268.stm, 报道显示，在 2008 年 5 月被杀害的 11 人中，有 8 名是女性，其余 3 名是男性。

[①] Mensah Adinkrah, *Witches, Witchcraft and Violence in Ghana,* New York: Berghahn Books, 2015, 5.

是，猎巫活动必须在非洲经济自由化和全球化所带来的社会再生产的深刻危机的语境下来理解，它破坏了当地的经济，贬低了妇女的社会地位，并使两代人对于一些主要的经济资源的使用权，首先是土地的使用权产生了激烈的冲突。在这个意义上，我认为目前的猎巫活动和一些其他现象是一个连续体，比如印度的"嫁妆谋杀"和"自焚殉夫"（sati），以及在墨西哥与美国交界处的一些城镇，如华雷斯城里数百名妇女被杀害。巫术指控也以不同的方式成为社会异化进程的后果，而这样的异化是由全球经济的不断"嵌入"（integration）所生产的，男人们把自己经济上的受挫发泄到女人身上，甚至夺走她们的生命，以跟上资本主义发展的步伐。这些新的猎巫活动也和世界范围内"超自然"的回归一脉相承，无论是在政治话语中还是在民间实践中（例如欧洲和美国的"撒旦教"），这一现象可以归因于原教旨主义的扩散，但更为重要的是，这样的现象是与非洲经济和政治的自由化（liberalization）同时出现的。

在这样的分析下，我得出如下结论，在我们为这些妇女的权利不受严重侵犯而行动的同时，女权主义者应该审判那些为恶劣侵犯行为创造物质和社会条件的机构

（agencies）。这些机构包括不采取干预措施以防止或惩罚这些谋杀的非洲政府，以及世界银行、国际货币基金组织及其国际上的支持者，包括美国、加拿大和欧盟，它们的经济政策破坏了当地的经济，并重新殖民了非洲大陆，以"债务危机"和"经济复苏"为名，对非洲国家实施了残酷的紧缩制度并剥夺了当地政府的大部分决策权。最关键的是，女权主义者应该审判联合国，对于妇女的权利它们只是嘴上说说，却把经济自由化作为千年目标，当非洲和世界其他许多地方的老年妇女被妖魔化、被逐出社群、被肢解或是被活活烧死时，联合国却只是冷眼旁观。

20 世纪 80 年代至今的非洲猎巫活动和经济全球化

尽管对巫术的恐惧常常被描述为非洲信仰体系中根深蒂固的特征，[①] 但 20 世纪 90 年代对"女巫"的攻击在非洲

---

① 这是个常见的主题，因此很难给出单一的参考，在众多文献中，我们可以参考：Patrick Chabal and JeanPascal Daloz, *Africa Work: Disorder as Political Instrument,* Oxford: James Currey, 1999; Justus M. Ogembo, *Contemporary Witch-Hunting in Gusii*; Elias K. Bongmba, "Witchcraft and the Christian Church: Ethical Implications," in *Imagining Evil: Witchcraft Beliefs and Accusations in Contemporary Africa*, ed. Gerrie ter Haar, Trenton, NJ: Africa World Press, 2007。然而，史蒂芬·埃利斯（Stephen Ellis）也指出："当代非洲的'巫术'……就如同其他非洲（转下页）

各地愈演愈烈之程度是前殖民时期从未有过的。由于对女巫的攻击和杀害往往不受惩罚，也没有记录，所以很难得到确切的数字，但现有的数据显示了问题的严重性。

目前大约有 3 000 名妇女被流放到加纳北部的"女巫营"，由于遭受死亡威胁而被迫离开她们原本的社群。[1] 正如我们所看到的，在肯尼亚西南部的基西（Kisii）地区，有数十人被杀害，其中大部分是妇女，袭击者是组织严密的青年男子团体，他们通常都是未婚，在受害者亲属或其他利益方的指示下充当雇佣兵。[2] 自种族隔离制度结束以来，南非北部省份发生了严重的迫害事件，生命损失严重到南非非洲人国民大会（African National Congress）认为有必要任命一个调查委员会，作为其执政的第一项行动。[3]

（接上页）生活的许多其他方面一样，既不是真实的非洲，也不是纯粹的强加。它是一个不幸的混合体，部分是由不同地方的宗教思想和实践的比较和创造的。"详见 Stephen Ellis, "Witching Times: A Theme in the Histories of Africa and Europe," Haar, *Imagining Evil*, 35。

[1] 详见 Karen Palmer, *Spellbound: Inside West Africa's Witch Camps,* New York: Free Press, 2010, 18, 作者在其中报道了她于 2007 年参观"女巫营"的经历。相较于 Allison Berg, *Witches in Exile,* San Francisco: California Newsreel, 2004, DVD, 79 min. 给出的 1 000 人而言，人数大幅增长。

[2] Justus M. Ogembo, *Contemporary Witch-Hunting in Gusii, Southwestern Kenya,* Lewiston, NY: Edwin Mellen Press, 2006, 106–108, 65–81.

[3] Jean Comaroff and John Comaroff, "Occult Economies and the Violence of Abstraction: Notes from the South African Postcolony," *American Ethnologist* 26, no. 2 (May 1999): 282.

在贝宁共和国、喀麦隆、坦桑尼亚、刚果民主共和国和乌干达，也有对"女巫"例行袭击的记录，且常常造成致命后果。据报告，1991年至2001年间，非洲至少有23 000名"女巫"被杀害，而这只是保守估计。[1]同时，还发生了"清洗"运动，那些寻找女巫的人从一个村子到另一个村子，让所有人都接受他们羞辱性的骇人审讯和驱魔。赞比亚的情况就是如此，在中央省的一个地区，1997年的夏天有176个搜寻女巫的人在那里活动，并自那以后"有增无减"，将被指控为女巫的人赶出她们的村庄，后者的财产被征用，并且常常遭折磨和杀害。[2]

在大多数情况下，猎巫活动不会受到惩罚，甚至在白天也是如此。警察往往要么站在他们一边，要么拒绝逮捕他们，以免被指责为袒护女巫，有时警察也找不到愿意指证他们的人。各国政府也都在一旁观望，除了南非政府以外，没有一个政府认真调查过这些谋杀事件。更令人吃惊的是，女权主义者并没有公开反对这些行为，或许她们担

---

[1] Richard Petraitis, "The Witch Killers of Africa," *The Secular Web*, 2003, accessed May 11, 2018, https://infidels.org/library/ modern/richard_petraitis/witch_killers. html.

[2] Hugo F. Hinfelaar, "Witch-Hunting in Zambia and International Illegal Trade," in Haar, *Imagining Evil*, 233.

心的是，对猎巫行为的谴责会助长殖民主义对非洲的刻板印象，视其为落后的和非理性的群体。这种担心并非空穴来风，然而她们还是被误导了，因为猎巫不单单是一个非洲的问题，而且是一个全球的问题，是我们想要打击的、在全世界范围内不断增加的针对女性暴力的一部分。正因如此，我们就需要理解造成猎巫活动的力量和社会动力是什么。

在这样的语境下，需要强调的是，反巫术运动是在非洲殖民时期才开始的，与此同时，现金经济的介入深刻改变了社会关系，创造了新形式的不平等。[1] 在前殖民时期，"女巫"有时也会受到惩罚，但很少被杀害；事实上，当我们提到前殖民时期时，是否可以谈论"巫术"都是个问题，因为直到欧洲人来到这片土地时这个词才被使用。

---

[1] Elom Dovlo, "Witchcraft in Contemporary Ghana," Haar, *Imagining Evil*, 70, 其中提及了在殖民主义出现后，尤其是在可可产业的发展带来新的阶级分化后，加纳的巫术实践与反巫术的圣地才逐渐兴盛。在 20 世纪 50 年代，兴起了一场猎巫运动，并蔓延到尼日利亚约鲁巴（Yoruba）地区，"迫害了数千名妇女"，很明显，这是可可价格在全球市场上的上涨引发的。这场猎巫行动是由商人赞助的，他们害怕那些组织良好的女商人带来的竞争，将她们视为对家庭中男性权威的威胁。Andrew H. Apter, "Atinga Revisited: Yoruba Witchcraft and the Cocoa Economy, 1950–1951," *Modernity and Its Malcontents: Ritual and Power in Postcolonial Africa*, ed. Jean Comaroff and John Comaroff, Chicago: University of Chicago Press, 1993, 111–128.

正是在 20 世纪 80 年代和 90 年代，在债务危机、结构调整和货币贬值的多重影响下，对那些所谓女巫的恐惧成为许多非洲社群的主要担忧，以至于"这个在前殖民时期对巫术一无所知的群体……今天也相信在他们之中有女巫"。[①]

为什么在某些方面，这种迫害的再现让人想起了欧洲 17 世纪的猎巫活动？如果我们试图探究背后更深层次的原因，这个问题就变得很难回答。巫术指控的背后显然有不同类型的动机，这让情况变得复杂起来。巫术指控可能是土地冲突或经济竞争带来的结果，以掩盖拒绝赡养那些被视为在消耗资源的家庭或社群成员，也可能用作圈占公共土地的挡箭牌。

可以确定的是，我们不会通过求助于某种"非洲的世界观"来为这些现象提供解释。同样的，鉴于巫术指控给非洲社群带来的毁灭性后果，以及很多被指控者是贫困妇女这一事实，将巫术指控视为捍卫社群价值的调平机制，

[①] Umar Habila Dadem Danfulani, "Anger as a Metaphor of Witchcraft: The Relation between Magic, Witchcraft, and Divination among the Mupun of Nigeria," in *Imagining Evil: Witchcraft Beliefs and Accusations in Contemporary Africa*, ed. Gerrie ter Haar, Trenton, NJ: Africa World Press, 2007, 181.

以抵抗财富过度积累的观点，也很难解释这些迫害。更具说服力的观点是，这些猎巫行为不是过去的遗留问题，而是回应非洲政治经济的新自由主义重组所产生的社会危机。贾斯特斯·奥根博（Justus Ogembo）在《肯尼亚西南部基西的当代猎巫活动》（*Contemporary Witch-Hunting in Gusii, Southwestern Kenya*）中详细分析了经济全球化如何创造了有利于巫术指控的环境。奥根博描述了非洲大陆各国重复出现的情况，他认为结构调整计划和贸易自由化使非洲社区的稳定受到严重破坏，破坏了它们的再生产体系，使家庭陷入"贫困和绝望"，以至于许多人开始相信他们是以超自然手段实施邪恶阴谋的受害者。[①] 他指出，在肯尼亚对其经济进行"结构性调整"后，失业率达到了前所未有的水平，货币贬值导致难以获取生活必需品，国家对教育、卫生和公共交通等基础服务的补贴也被掏空了。

简而言之，农村和城市地区的数百万人发现自己毫无退路，无法养活自己的家庭和社群，对未来没有希望。由于医疗保障系统的崩溃，日益加剧的营养不良和艾滋病的蔓延，死亡率，尤其是儿童死亡率上升，助长了对谋杀的

---

① Justus M. Ogembo, *Contemporary Witch-Hunting in Gusii, Southwestern Kenya,* Lewiston, NY: Edwin Mellen Press, 2006, 125.

怀疑。奥根博认为，基督教原教旨主义教派的扩散进一步煽动了对女巫的迫害，将对魔鬼的恐惧重新引入宗教，而那些自称为"传统治疗师"的人则利用大众无力支付医院费用的情况，将自身的无能隐藏在对于超自然的呼唤中。

奥根博的分析被许多学者所认同，但经济全球化的其他方面也为理解新的猎巫浪潮提供了语境。一种观点认为，对女巫的信仰被利用来合理化土地的征用。比如，在战后莫桑比克的一些地区，一些妻子在丈夫去世后坚持守着共有的土地，就会被死者的亲属指控为女巫，[1] 还有一些人因为拒绝放弃战争期间租用的土地而遭到指控。[2] 在肯尼亚，土地纠纷也是许多指控的根源，在这两个国家中，土地的稀缺都提升了冲突的强度。

巫术指控也是一种圈地的手段，当国际机构与非洲政

---

[1] Liazzat Bonate, "Women's Land Rights in Mozambique: Cultural, Legal and Social Contexts," *Women and Land in Africa: Culture, Religion and Realizing Women's Rights*, ed. L. Muthoni Wanyeki, London: Zed Books, 2003, 11, 74, 115.

[2] 在《一片自己的田地：南亚的性别和土地权利》（*A Field of One's Own: Gender and Land Rights in South Asia*）一书中，比纳·阿瓦加尔（Bina Awargal）发现了南亚同样的模式："在妇女从未拥有过土地的社群，这种权利往往会导致对妇女的敌意，引来离婚、巫术指控、威胁、攻击、酷刑，甚至是谋杀。"引用于 Liazzat Bonate, "Women's Land Rights in Mozambique: Cultural, Legal and Social Contexts," in *Women and Land in Africa: Culture, Religion and Realizing Women's Rights*, ed. L. Muthoni Wanyeki, London: Zed Books, 2003, 74。

府一起推动公共土地的私有化和异化时，巫术指控就成为一种有力手段，用来破坏被征土地者的抵抗。正如历史学家雨果·辛菲拉（Hugo Hinfelaar）在提到赞比亚时指出的那样：

> 在当下的时代，政府和其他新自由主义的支持者所宣传的不受控制的"市场之手"（market force）具有了更邪恶的一面。我们注意到，在那些被指定为用于野生动物管理和放养的地区，用于发展旅游业的地区以及有可能出售给大土地所有者的地区，巫术指控和清洗仪式尤其猖獗……一些酋长和地方首领通过向国际投资者出售其大部分领地而从中获利，并在村落中煽动社会动乱，以有利于交易的进行。一个分裂的村庄不再有力量团结在一起来反对自己耕种的土地被别人接管。事实上，有时，村民们忙着相互指责施展巫术，以至于他们几乎没有注意到自己的财产被剥夺，他们变成了自己祖先土地上的擅自侵占者。①

---

① Hugo F. Hinfelaar, "Witch-Hunting in Zambia and International Illegal Trade," in Haar, *Imagining Evil*, 238.

另一个巫术指控的来源是日益神秘的经济交易，让人们无法理解支配他们生活的力量。[①]伴随着地方经济被国际政策和全球市场的"无形之手"改变，人们很难理解是什么推动了经济变化，以及为什么一些人飞黄腾达而另一些人穷困潦倒。其结果是形成了一种相互怨恨和彼此怀疑的氛围，从经济自由化中受益的人害怕被贫穷的人下蛊，而那些贫穷的人，其中许多是妇女，把那些将她们排除在外的财富视为邪术的产物。简·帕里什（Jane Parish）写道："两种道德经济之间的这种冲突……是今天加纳巫术信仰的决定性条件。关键问题在于，社会性正在占据主导位置，当地的再生产关系被全球商品化的异化所颠覆和扭曲。"居住在城市中的加纳企业家常常将女巫描述成一个贪婪的女人，在背地里眼红企业家的财富和社会地位，并且"无理地要求将更多资金投入到当地的商业社群中，而不是从中'吸走'资金"。这样来说，帕里什认为："对巫术的恐惧可以被视为对地方经济之外赚取的资金，以及对未能重新分配资金的

---

① Justus M. Ogembo, *Contemporary Witch-Hunting in Gusii, Southwestern Kenya*, Lewiston, NY: Edwin Mellen Press, 2006, ix.

不满。"①

　　猎杀女巫还应该归因于在世界范围内放松对经济活动的管制，以及追求新的商业形式所导致的"神秘经济"的增长而带来的焦虑感。贩卖器官和身体部位用于移植或用于某些仪式以获得财富的现象在非洲蔓延，在非洲，也在世界其他地方制造了一种恐惧，恐惧有邪恶的力量正在消耗人们的生命能量和人性。这样说来，巫术指控，就如同路易丝·怀特（Louise White）研究的②非洲殖民时期的吸血鬼故事一样，可以被看作对生命被商品化的回应，资本主义不仅试图重新激活奴隶劳动，还试图将人的身体本身

---

① Jane Parish, "From the Body to the Wallet: Conceptualizing Akan Witchcraft at Home and Abroad" *Journal of the Royal*, Anthropology Institute 6, no. 3 (September 2000): 487, 489–490, 494, accessed June 13, 2018, http://www.urbanlab.org/articles/Parish,%20Jane%202000%20From%20the%20body%20to%20the%20wallet.pdf. Peter Geschiere and Francis Nyamnjoh, "Witchcraft in the 'Politics of Belonging,'" *African Studies Review* 41, no. 3 (December 1998): 69–91; Wim Van Binsbergen, "Witchcraft in Modern Africa as Virtualized Boundary Condition of the Kinship Order," *Witchcraft Dialogues: Anthropology and Philosophical Exchanges*, Africa Series no. 76, eds. George Clement Bond and Diane M. Ciekawi, Athens: Ohio University Center for International Studies, 2001, 212–262.

② 路易丝·怀特在《与吸血鬼对话：殖民地非洲的谣言与历史》(*Speaking with Vampires: Rumors and History in Colonial Africa*）中提到，在被殖民的肯尼亚、坦噶尼喀和北罗得西亚，在非洲人口中流传着许多关于白人吸食黑人的血的谣言，或是说他们在家里有坑，在吸血之前把黑人埋在那里。

变成资本积累的手段。[1]

虽然有诸多因素结合起来产生恐惧女巫的氛围，但可以达成共识的是，猎巫的根源是一场激烈的生存斗争，其形式是代际斗争。年轻人，通常是失业的年轻人，成为猎巫运动的主力，他们挨家挨户地集资，用以支付给猎巫人，或是支付给那些伏击和处决女巫的人，尽管他们往往是其他那些躲在暗处制定计划者的执行人。

上不了学，又无法靠土地谋生或谋求其他生路，在如今产业结构调整后的非洲，许多年轻男子由于无法履行他们作为家庭养育者的角色而对未来感到绝望，这导致了他们可能将矛头指向社群。[2]他们被政客、叛军、私有企业或国家训练为雇佣兵，随时准备着进行讨伐，尤其是针对老年人，他们把自己的不幸归咎于老人，并认为老人是他们好日子的负担和障碍。正是在这样的背景下，（用一位刚果老人的话说）"年轻人对我们这些老人来说是一种持续的

[1] Jean Comaroff and John Comaroff, "Occult Economies and the Violence of Abstraction: Notes from the South African Postcolony," *American Ethnologist* 26, no. 2 (May 1999): 281–285.

[2] 正是在这样的意义上，乌塞纳·阿利杜（Ousseina Alidou）谈及了非洲年轻人的"军事化"，指的是年轻人被结构调整所彻底剥夺，他们因此准备好了被招募为雇佣兵从事军事活动，并破坏他们自己的社群。论文发表在 Peace Action Forum on Africa, Judson Church, New York, September 17, 2007。

威胁"。①

这些老人带着自己一生的积蓄回到自己的村庄，却发现自己被指控为巫师，房屋和积蓄被一并征用，更糟糕的情况是被杀害，被吊死、被埋葬或是被活活烧死。② 仅在1996年，刚果人权监督委员会就记录了约100起老人被指控为巫师的案件。③ 在赞比亚，那些领取养老金的人也时常被作为目标，"据信，村里的领导和专门猎巫的人合谋夺取他们多年来积累的资产"，以至于报纸的评论文章说道："退休回家是一种风险！"④ 在南非林波波省（Limpopo）的郊区，年轻人将老妇人活活烧死，指控她们将死人变成僵尸，以获得奴隶和地下劳动力（ghost workers），使年轻人失去工作机会。⑤ 同时，在刚果民主共和国，以及最近

① Louis Okamba, "Saving the Elderly from Prejudice and Attacks," *African Agenda* 2, no. 2 (1999): 35.

② Louis Okamba, "Saving the Elderly from Prejudice and Attacks," *African Agenda* 2, no. 2 (1999).

③ Louis Okamba, "Saving the Elderly from Prejudice and Attacks," *African Agenda* 2, no. 2 (1999).

④ Hugo F. Hinfelaar, "Witch-Hunting in Zambia and International Illegal Trade," in *Imagining Evil: Witchcraft Beliefs and Accusations in Contemporary Africa*, ed. Gerrie ter Haar, Trenton, NJ: Africa World Press, 2007, 236.

⑤ Jean Comaroff and John Comaroff, "Occult Economies and the Violence of Abstraction: Notes from the South African Postcolony," *American Ethnologist* 26, no. 2 (May 1999): 285.

在尼日利亚东部，儿童也被指控为恶魔。那些指控他们的人是基督教的驱魔人或是"传统巫医"，以清除附着在他们身上的恶灵为借口，对他们实施各种酷刑并以此为生。在安哥拉，数以千计的儿童也遭受了这种折磨，而孩子的父母可能急于从无法负担养育孩子的重担中脱身，往往是共谋。许多儿童被扔到街上甚或被杀害，仅仅在金沙萨（Kinshasa）就有超过 1.4 万名儿童被遗弃。[①]

在此必须再次强调过去 20 年来，在非洲的城市和农村，不同教派（五旬节派、犹太复国主义）传道的影响。关于五旬节派，奥根博写道："由于五旬节派强调驱魔，它掠夺了基西族关于神秘力量和权力的本土信仰，迫使基西的两个主要教派重新审视他们的相关教义。"[②]他还补充，通过书籍和在市集的中心位置及其他公共场所露天布道，传

[①] Jeremy Vine, "Congo Witch-Hunt's Child Victims," *BBC Online*, December 22, 1999, accessed May 7, 2018, http://news.bbc.co.uk/2/hi/africa/575178.stm; Tracy McVeigh, "Children Are Targets in Nigerian Witch Hunt," *Guardian*, December 9, 2007, accessed May 7, 2018, https://www.theguardian.com/world/2007/dec/09/tracymcveigh.theobserver; Sharon LaFraniere, "African Crucible: Cast as Witches, then Cast Out," *New York Times*, November 15, 2007, accessed May 7, 2018, https://www.nytimes.com/2007/11/15/world/africa/15witches.html?mtrref=www.google.ca&gwh=28AD6CFD84ECC24A6881 B8DA5FA9BEC8&gwt=pay.

[②] Justus M. Ogembo, *Contemporary Witch-Hunting in Gusii, Southwestern Kenya,* Lewiston, NY: Edwin Mellen Press, 2006, 109.

道者增强了人们对魔鬼的焦虑，宣扬了撒旦、疾病和死亡之间的联系。媒体也在这一过程中起到了推波助澜的作用，这表明新的"女巫热"并不是一种纯粹自发的发展。在加纳，每天都有源源不断的广播和电视节目，描述女巫是怎样的以及如何识别她们。巫术也是加纳的音乐、电影以及布道的主题，经常被录制成供大众消费的视频。

作为猎女的猎巫

如我们所见，近来的猎巫活动既针对年轻人也针对老年人。但是，如同过去欧洲的猎巫运动一样，老年女性受到的威胁最为频繁也最暴力。在加纳，她们的处境如此危险，以至于出现了"女巫营"，那些受指控的人在被从村庄驱逐出来之后流亡生活在那里；有时她们甚至在过了生育年龄或者孤苦无依时"自愿"搬到那里。①

---

① 在加纳，对这些"营地"的性质，它们是否被允许保留，以及它们是否为妇女提供真正的庇护或是代表了对人权的侵犯等问题一直存在争议。详见 Elom Dovlo, "Witchcraft in Contemporary Ghana," *Imagining Evil: Witchcraft Beliefs and Accusations in Contemporary Africa*, ed. Gerrie ter Haar, Trenton, NJ: Africa World Press, 2007, 79。女性议员一开始坚持这些营地应该被关闭，但在参观了这些营地并和其中的一些妇女见面之后，她们放弃了这一计划。

如门萨·阿丁格拉向我们展示的那样，老年女性也是1997年加纳猎巫活动的主要受害者，当时许多老年女性被指控引发影响了当时该国北部地区的脑膜炎疫情，遭受猛烈攻击；她们也是1992年到1995年基西猎巫活动的主要受害者。在这些活动中被谋杀的少量男性或者是因与嫌疑女巫有关联而获罪，或者是代她们受死，因为找不到目标女性，或这些男人试图保护她们。[1] 女性也是刚果、南非、赞比亚、坦桑尼亚猎巫活动的主要受害者。受害的大部分女性是独居的农妇。而在城市地区，受到攻击的主要是女商人，因为男性应对丧失经济安全和男性身份的方式，是诋毁他们见到的或认为的在跟他们竞争的女性。在北部加纳，女商人被指控通过把灵魂变成商品来获取财富。[2] 在赞比亚，受到威胁的是独身女性，她们"经常作为创业者或走私人沿着国家公路旅行"。[3] 有寻巫者因

① Justus M. Ogembo, *Contemporary Witch-Hunting in Gusii, Southwestern Kenya*, Lewiston, NY: Edwin Mellen Press, 2006, 21.

② Elom Dovlo, "Witchcraft in Contemporary Ghana," in *Imagining Evil: Witchcraft Beliefs and Accusations in Contemporary Africa*, ed. Gerrie ter Haar, Trenton, NJ: Africa World Press, 2007, 83.

③ Mark Auslander, "Open the Wombs: The Symbolic Politics of Modern Ngoni Witch-Finding," *Modernity and Its Malcontents: Ritual and Power in Postcolonial Africa*, ed. Jean Comaroff and John Comaroff, Chicago: University of Chicago Press, 1993, 172.

女性有红色眼睛而指控她们，他们声称这是女性魔鬼本质的标志，尽管"许多坦桑尼亚女性是被炊火熏得眼睛变红"。[1]

那么，正在发生的事情是对女性的广泛攻击，这反映出对她们的地位以及身份价值的巨大贬抑。"传统的"父权制偏见在其中当然发挥了作用。在本土原有的和殖民嫁接的男性中心宗教价值观形塑下，非洲文化将女性描绘为比男人更加善妒的、怀恨的、诡秘的，也更倾向于邪恶的巫术形式。[2]女人在家庭再生产中的角色加剧了男性对她们能量的恐惧。接受艾莉森·伯格（Allison Berg）采访时，一间加纳女巫营的男性看守明确表达了这一点。他说，巫是女人，因为"正是女人在给男人做饭！"[3]尽管如此，父权制下对女性气质的成见并不能解释这些猎巫活动表现出的厌女症爆发。这在我们考虑惩罚之残忍时就变得明显了，

---

[1] Richard Petraitis, "The Witch Killers of Africa." *The Secular Web*, 2003. Accessed May 4, 2018. https://infidels.org/library/modern/richard_petraitis/witch_killers.html.

[2] Elom Dovlo, "Witchcraft in Contemporary Ghana," *Imagining Evil: Witchcraft Beliefs and Accusations in Contemporary Africa*, ed. Gerrie ter Haar, Trenton, NJ: Africa World Press, 2007, 83.

[3] Berg, Allison, dir. *Witches in Exile*. San Francisco: California Newsreel, 2005, DVD, 79 min.

而更令人震惊的是，这些惩罚施加于老年女性身上，而老年人在该社区里又常常深受尊重。谈及基西的猎巫活动时，奥根博写道：

> 村民聚集起来，在夜里从嫌疑人的家中把她们"抓捕"出来，或者在白天像追猎物一样追逐她们；他们用剑麻绳把她们的手脚捆住，用火烧她们——先把汽油浇在她们身上，或者把她们放在草垛下面，然后退到一边看着受害者痛苦挣扎，消失于火焰中。一些被害人这样留下了她们惊恐不安、沦为孤儿的后代。①

据估计，上千名妇女被活烧、活埋、殴打、折磨致死。在加纳，儿童被鼓励向被指控的老年妇女掷石头。确实，如果我们没有历史上的先例，也没有近年来自我们"地球村"的其他地方——如印度或巴布亚新几内亚——的例子的话，我们不可能解释这种残忍行为。

我想起的历史前鉴是 15 世纪至 18 世纪欧洲的猎巫活动，其间数十万名妇女被送上了火刑柱。研究非洲猎巫活

---

① Justus M. Ogembo, *Contemporary Witch-Hunting in Gusii, Southwestern Kenya*, Lewiston, NY: Edwin Mellen Press, 2006, 1.

动的学者不承认其为非洲猎巫活动的先例，因为非洲与欧洲之间的历史与文化语境大不相同。更进一步，跟欧洲的猎巫活动不同，当今发生在非洲和印度的猎巫活动并不是地方法官（Magistrates）、国王、教皇的杰作。尽管如此，它们同欧洲的猎巫活动之间共有不可否认的重要元素，它们也可以帮我们将当今的迫害"历史化"，[1] 将猎巫活动揭示为一种规训工具。

在今天非洲"女巫"被指控的罪行中有欧洲猎巫活动的影子，这些罪行常被视为借鉴自欧洲的恶魔学，似乎反映了传福音运动的影响：夜间飞行、更形易貌、食人、使妇女不孕、使婴儿夭折、破坏庄稼。在这两个例子中，更进一步，"女巫"绝大多数是经常独居的老年女性和贫穷农民，或者被认为与男性竞争的妇女。更重要的是，跟欧洲猎巫活动一样，非洲的新猎巫活动发生在正在经历"原始积累"过程的社会团体中，其中很多农民被迫离开土地，新的所有权关系和新的价值创造概念正在形成，社区的团

---

[1] Andrew H. Apter, "Atinga Revisited: Yoruba Witchcraft and the Cocoa Economy, 1950-1951," *Modernity and Its Malcontents: Ritual and Power in Postcolonial Africa*, ed. Jean Comaroff and John Comaroff, Chicago: University of Chicago Press, 1993, 97.

结在经济压力的影响下正在瓦解。

正如我在《凯列班与女巫》中所论述的那样，在这些例子中，女性，尤其是老年女性，竟然同样经历社会价值降低并成为性别战争的目标，绝不是巧合。从某种程度上说，如我们所见，这种发展可以追溯至这些事实：年轻人在资源减少时不愿意赡养亲属，而急于占有后者的财产。但最重要的是，当货币关系成为霸权，女性对社群的贡献被完全"轻视"（devalued）了。这对老年女性来说尤其如此，她们不再生养儿童，不再提供性服务，因此似乎是对财富创造的消耗。

在非洲通过巫术指控攻击郊区老年女性农民的活动和世界银行在非洲为推广土地商业化而展开的意识形态运动之间有重要的平行关系，后者声称只用作生存和庇护的土地只是"死资产"（dead asset），只有在作为世界银行信贷的抵押物时才能变得有生产力。[①] 我认为，今日在非洲许多老年男女之所以作为巫师被猎捕，是因为他们同样被视作"死资产"，是一套逐渐贫瘠且失去生产力的习俗与价值观的化身。

---

① Ambreena Manji, *The Politics of Land Reform in Africa: From Communal Land to Free Markets,* London: Zed Books, 2006.

在提出这个论点时，我并不想淡化不满情结（complex of grievances）的重要性，不论是新的还是旧的。这些不满情结在所有例子中纽结起来产生了巫术指控。古老的传言复合神秘的死亡（尤其是儿童的夭折），加上渴望攫取觊觎的资产（有时只是一台收音机或电视），还有对通奸行为的愤怒，以及最重要的，地产纠纷，或仅仅是将人们赶出土地的决定，这些是非洲的巫术迫害的日常生活实质，就像欧洲的猎巫活动一样。一夫多妻的家庭结构也挑起了巫术指控，制造出妒忌和妻妾之间、兄弟姐妹之间的竞争，这些竞争的主题是家庭财产的分配，尤其是土地的分配。因此，继母们和同夫妻妾是主要的被指控的女性。日渐稀缺的土地加剧了这些矛盾，因为丈夫们发现，如今难以供养他们所有的妻子，导致妻子之间和诸妻子的孩子之间的剧烈对抗。在战后的莫桑比克，如我们所见，关于土地的抗争甚至导致女性以巫术之名互相指控。[1] 但是如果不将这些冲突放置在更广阔的背景下，我们将不能理解这些冲突是如何煽动起对老年女性如此残忍的攻击的。这是村落社

① Heidi Gengenbach, "'I'll Bury You in the Border!' Land Struggles in Post-war Facazisse (Magude District), Mozambique," *Journal of Southern African Studies* 24, no. 1 (March 1998): 7-36.

群经济解体的世界，其中老年女性是最努力地捍卫对自然资源非资本化使用的人——仅为了糊口而耕作，拒绝诸如出卖土地、售卖树木的要求，留存土地树木以保护其孩童的安全①——在这里成长起来的年轻人因面对的困难而心神不宁，他们现在认为老年人不再能为他们提供一个未来，而且更糟糕的是，老年人在阻挡他们获取财富的脚步。如马克·奥斯兰德（Mark Auslander）根据其在东赞比亚纽尼（Ngoni）土地的经历所写的那样，老年男性同样在以糊口为中心的老式社群世界与进步的货币经济的冲突中遭到抓捕。

在民间歌曲和戏剧中，这些老年男性叹息他们的孩子会给他们下毒，以出售他们的牛换钱，购买化肥或卡车。

---

① 在莫桑比克的阿奇诺（Anchilo）地区，一个指控那些捍卫自己土地权利的妇女为女巫的地方——在接受采访的 36 名妇女中，只有 7 人回答她们会卖掉她们继承的树木，其他人则说她们想为自己的孩子保留这些树木，详见 Liazzat Bonate, "Women's Land Rights in Mozambique: Cultural, Legal and Social Contexts," *Women and Land in Africa, L. Muthoni Wanyeki* ed., London: Zed Books, 2003, 113。正如马克·奥斯兰德（Mark Auslander）写道："摩西博士［女巫发现者］和他的追随者似乎非常重视我给他们的照片。有几次，博士表示他希望在电视系列节目中使用这些材料。"但奥斯兰德承认："某些场合，我毫无疑问地加剧了参与者的痛苦。"详见 Mark Auslander, "Open the Wombs: The Symbolic Politics of Modern Ngoni Witch-Finding," *Modernity and Its Malcontents: Ritual and Power in Postcolonial Africa*, ed. Jean Comaroff and John Comaroff, Chicago: University of Chicago Press, 1993, 190。

但"创造财富的战斗"（battle to make wealth）是"（大体来说）向成熟的女性身体发起的"，[①]因为老年女性据信对他们共同体的再生产有特殊的威胁，可以毁坏庄稼，使年轻女性不孕，囤积他们所有的东西。换句话说，这场战斗是向女性身体发起的，因为女性被视为现金经济（cash economy）扩张的主要抵抗者，而且因此是无用的个体，自私地独占年轻人本可使用的资源。从这个视角看，当今的猎巫活动，绝不亚于世界银行针对土地所推广的意识形态，代表了对传统价值创造概念的扭曲，这些猎巫活动以猎巫人对老年女性身体的鄙夷为标志；在赞比亚，这些老年女性被嘲笑为"不孕的阴道"（sterile vaginas）。

如我们所见，消除仅为糊口而耕作的老年女性农民不是攻击非洲"女巫"背后的唯一动机。如在16世纪欧洲一样，今日许多男性回应资本关系扩张带来的对他们经济安全与男性认同的威胁的方式是诋毁他们认为正与他们竞争的女性。因此，商业领域的女性——非洲的一股重要社会力量——因各国政治家将经济自由化带来的高通胀率怪罪

---

① Mark Auslander, "Open the Wombs: The Symbolic Politics of Modern Ngoni Witch-Finding," *Modernity and Its Malcontents: Ritual and Power in Postcolonial Africa*, ed. Jean Comaroff and John Comaroff, Chicago: University of Chicago Press, 1993, 170.

于她们身上，而常被指责为女巫。①

但对于从商的女性的攻击同样包含了两种对立的价值系统之间的冲突。如简·帕里什所指出的那样，在加纳，巫术指控在这两类人群的价值观冲突中发展：大部分女性乡村商人坚持将挣来的钱还给她们可以保持联系的本土经济体，而男性商人参与进出口贸易，将世界市场作为其经济视野。②性别元素也参与了这个进程，同样的男性商人担心"女巫"通过性技巧攫取他们的身体（以及他们的钱包）。但是对于"女巫"，最常见的攻讦是她们不但自身不孕，而且给被她们下蛊的人带来性与经济上的贫瘠。③"打开子宫！"被指控导致其他女人不孕的女性在1989 年东赞比亚寻巫运动中的一个乡村共同体中被如是命

---

① Mark Auslander, "Open the Wombs: The Symbolic Politics of Modern Ngoni Witch-Finding," *Modernity and Its Malcontents: Ritual and Power in Postcolonial Africa*, ed. Jean Comaroff and John Comaroff, Chicago: University of Chicago Press, 1993, 182.

② Parish, Jane. "From the Body to the Wallet: Conceptualizing Akan Witchcraft at Home and Abroad." Journal of the Royal *Anthropology Institute* 6, no. 3 (September 2000): 487–501.

③ Mark Auslander, "Open the Wombs: The Symbolic Politics of Modern Ngoni Witch-Finding," *Modernity and Its Malcontents: Ritual and Power in Postcolonial Africa*, ed. Jean Comaroff and John Comaroff, Chicago: University of Chicago Press, 1993, 179.

令。^①同时，她们的身体被用剃刀划开了数十道口子，"净化"的药物被倒进了她们的身体里。^②

猎巫和女权主义行动：重构公地

考虑到非洲猎巫行动给妇女带来的危险、所造成的痛苦，以及对妇女身体和权益的侵犯，我们只能猜测为什么女权主义者没有大声疾呼并行动起来表示反对。可能有些人认为对猎巫的关注会转移人们对战争、全球债务和环境危机等更广泛的政治问题的注意力。以及正如我已经提及的那样，也有可能是害怕传播非洲人作为落后群体的殖民形象。但结果是，大多数分析这种迫害的记者和学者都将它去政治化了。大多数的叙述都以一种超然的方式写成，几乎没有流露出对如此多被指控者所遭受的可怕命运的愤

---

① Mark Auslander, "Open the Wombs: The Symbolic Politics of Modern Ngoni Witch-Finding," *Modernity and Its Malcontents: Ritual and Power in Postcolonial Africa*, ed. Jean Comaroff and John Comaroff, Chicago: University of Chicago Press, 1993, 167.

② Mark Auslander, "Open the Wombs: The Symbolic Politics of Modern Ngoni Witch-Finding," *Modernity and Its Malcontents: Ritual and Power in Postcolonial Africa*, ed. Jean Comaroff and John Comaroff, Chicago: University of Chicago Press, 1993, 174.

慨。除了少数几个例外，我没有读到一篇报道是以倡议的口吻写的，也没有一篇抗议国家和国际机构对于这种屠杀的漠不关心。大多数人类学分析所关注的重心都是证明猎巫并不是一种传统的回归，而是非洲应对"现代性"挑战的方式。很少有人对那些被谋杀的妇女、男子和儿童表示同情。一位人类学家甚至和猎巫人合作，在几个月期间，他在赞比亚跟踪了猎巫人，从一个村子到另一个村子，为那些被他认定为女巫的人驱魔。他以录音的方式保存了整个驱魔的过程，非常暴力，暴力到他将其比作携带武器的土匪入侵，有人被羞辱、被恐吓、被肢解，或许是为了让恶灵离开她们的身体。之后，为了使猎巫人满意，在知道猎巫人会利用这些照片宣传自己的工作的情况下，人类学家还是交出了他拍的照片。

因此，女权主义者们首先要做的，应该是参与不同类型的调查，分析产生猎巫的社会条件，这将有助于组建一个由人权活动者和社会正义组织组成的团体，来记录、公开和终结迫害。这种类型的学术研究和行动的例子并不少见。多年来，印度的女权主义者鼓动公共舆论以应对嫁妆谋杀，并将其变成了一个全球问题，同时又保留了对其定义的控制。面对非洲的猎巫活动，也必须有同样的发展，将这些问题推到政治行动的前台是至关重要的，因为这些迫害严重地侵犯了人权，并同时涉及非洲政治经济和地球上大部分社会生活的核心问题。

受到威胁的是女性的生命，是传递给下一代的价值观，也是女性与男性之间合作的可能性。同样受到威胁的是形塑了非洲大陆以及世界上许多地方的社群制度，这些制度直到殖民主义到来前都形塑着人们的生活。比其他地方尤甚，在非洲，村社制（communalism）代代以来都定义了社会生活与文化，幸存至 20 世纪 80 年代乃至更晚，因为在许多国家中，土地从来没有被转让，即使在殖民时期也没有，尽管大部分土地转为种植经济作物。确实，非洲长久以来被资本主义政策制定者视为一个耻辱，后者欢迎来自世界银行的结构性改变方案作为非洲土地市场发展的契机。但如当今猎巫活动暗示的那样，非洲的村社制正在经历一场历史性危机，而这才是社会公益运动所面临的政治挑战。

我们绝不能将这场危机误读为对社群关系的谴责，因为在非洲，处于危机之中的不是村社制本身，而是社群关系的一种模型，这种模型一个多世纪以来都在经受攻击，而且即使在最好的情况下也并非基于完全平等的关系。过去，女性在试图抓住留给她们的土地时可能不会被丈夫的亲属当成女巫烧死，就像莫桑比克现在正在发生的事情一样，但习惯法向来歧视她们，既在土地继承方面，甚至也在土地使用方面。正是为了回应此类歧视，过去十年间，如 L. 穆托尼·万耶基（L. Muthoni Wanyeki）在《非洲的女性与土地》（*Women and Land in Africa*, 2003）中记录的那样，非洲开展了一场女性运动，要求土地改革以及女性的土地权利。但这场运动在女性提出土地诉求、坚持掌控所得的土地就会被当作女巫的文化背景中不会胜利。更糟糕的是，这场运动正可以被用来为世界银行所要求的那种土地改革辩护，要求以土地产权和合法化取代土地再分配。一些女权主义者可能相信土地产权给女性更多保障，能阻止一直以来导致猎巫和其他非洲乡村地区战事的土地纠纷。但是，这种信念是虚幻的，因为世界银行和其他开发者——如美国国际开发署（United States Agency for International Development，USAID）和英国政府——所推动的土地法改革将仅仅施惠于外国投资者，从而导致更高的乡村债务、更多的土地转让，以及被剥夺土地者之间更多的冲突。[1]

---

[1] Ambreena Manji, *The Politics of Land Reform in Africa: From Communal Land to Free Markets,* London: Zed Books, 2006, 35–46, 99–132.

相反，所需的是新形式的村社制，能确保土地及其他社群资源平等可得，女性不会因没有孩子而受罚，不会因生下的不是儿子而受罚，不会因年老不能生育而受罚，不会因寡居又没有儿子能保护她们而受到攻击。换句话说，非洲内外的女性主义运动不应该让父权制形式村社制的消亡和失败为社群资源的私有化提供合法性。相反，他们应当参与构建完全平等的公地，学习已经走过这条路的组织的先例：农民之路（Via Campesina）、巴西无地农民运动（the Movimento dos Trabalhadores Rurais Sem Terra）、萨帕塔主义者（the Zapatistas）——他们全部将女性权力与团结视为胜利的基本条件。

确实，从非洲村庄与曾是猎巫活动受害者的女性视角来看，我们可以说女权主义运动也站在十字路口，必须决定"它要站在哪一边"。女权主义者在过去的 20 年里为在国家政府和联合国等机构中为妇女开辟空间付出了大量努力。他们却并不常同样致力于为在经济全球化中首当其冲的女性"赋权"（empower），尤其是农村妇女。因此，尽管许多女权组织庆祝"联合国妇女十年"（United Nations Decade for Women），但组织者没有听到同时在非洲被当作女巫烧死的女性的悲哭，也没质问在老年女性还会被同社群的年轻人折磨、羞辱、耻笑、杀害而不会被追责的地方，"女性权力"是否只是空话。掀起非洲猎巫活动的力量十分强大，不易被打败。确实，只有在创造一个人们的生活不会因为财富的积累而被"吞噬"（eaten up）的不同世界时，对妇女的暴力才会结束。但是从现在开始，我们可以利用全球妇女所有的经验，看看如何能采取有效的应对措施。女性在"嫁妆谋杀"中被烧死的数量持续增加，急于再娶的丈夫杀死她们以获取更多否则无法负担的金钱与商品，面临这种情况，20世纪90年代的印度女性开展了一场广泛的教育运动，包括街头路演、展示、在谋杀者家门前或警察站门前静坐示威，以说服警察逮捕杀人者。[1] 她们还创作了点名羞辱凶手的歌曲和口号，成立了邻里小组，并安排了公开会议，在会上要男性承诺不再索要嫁妆。[2] 教师也走上街头抗议嫁妆谋杀。

这些直接行动策略也可用于对抗非洲猎巫人，只要他们认为自己拥有许可，就会继续折磨和杀害女性。非洲妇

---

[1] Radha Kumar, *The History of Doing: Illustrated Account of Movements for Women's Rights and Feminism in India 1800-1990,* London: Verso, 1997, 120-121.

[2] Radha Kumar, *The History of Doing: Illustrated Account of Movements for Women's Rights and Feminism in India 1800-1990,* London: Verso, 1997, 122.

女特别适合这种类型的动员，因为在与殖民政权的对抗中，她们已经形成了斗争的形式和策略，至今仍能保证她们的声音被人听到。她们应当组织的运动，举例来说，是让妇女"坐在"猎巫人身上，在他们面前脱掉衣服，表演羞辱性的"不礼貌"行为，就像非洲基层妇女运动所做的那样。[1]她们应该在非洲的罪犯和世界各国首都的国际机构门口这样做，因为推动猎巫活动发生的政策是在那里制定的。

显然，"坐在男人身上"只是一个起点。但重要的是我们要知道女性和女权主义者为了反抗新猎巫活动可以做的事情还有很多，而且这种干预亟待开展。在一个社群联系分崩离析的社会语境中，在一群手持绳索与汽油的年轻人的包围下，很少人有勇气来拯救女性和老年男性。这意味着如果女性不组织起来反抗这些猎巫活动，没有其他人可以，而这个恐怖的运动将以猎巫活动或新的方式延续下去。从猎巫活动中可以汲取的一个教训是，这种类型的迫害不受制于一个历史事件。它有属于自己的生命，所以同

---

① Susan Diduk, "The Civility of Incivility: Grassroots Political Activism, Female Farmers and the Cameroon State," *African Studies Review* 47, no. 2 (September 2004): 27–54.

样的机制也可以在不同的社会中生根，只要其中有人需要被排斥、被剥夺人性。巫术指控，实际上，是最后的异化与疏远机制，因为这样的指控把被指控者——主体仍然是女性——转变为魔鬼，致力于毁灭其社区，由此使得他们不配享受任何同情与团结。

结 语

本书重新考察了《凯列班与女巫》中的主题及其与当今所见对女性与日俱增的暴力的关系，并试图回答一个对所有社会运动来说都重要的问题：

何以女性，凡生民之属皆从其而出生的女性，生育抚养儿童的女性，日日供养家庭的女性，成为如此之多的暴力，乃至新猎巫活动的目标？

如我所论述的（尤其在第二章中），当代对于女性的攻击，尤其是对黑人、遭受过殖民的、无产阶级女性的攻击，是将其视为未来的反叛青年的母亲而攻击的，她们拒绝被剥夺财产，努力夺回数代被奴役的社群生产的东西。在这个意义上，在对黑人／"贫穷"女性的攻击和美国政府在国内外追求的大规模监禁的政治中有一种连续性。女性在所谓的第三世界同样被经济政策制造成暴力的对象，这些经济政策将其定义为无用的人，定义为社群的负担，定义为与公共利益抵牾的生产方式（如为糊口而耕种）的捍卫者。针对女性暴力的剧增的一个核心因素也是资本积累对"采掘主义"（extractivism）做法的日益依赖，要求目标社群的迁徙并破坏其再生产方式。

但对女性的攻击总的来说源于资本需要毁灭其不能控制的东西，需要将自身再生产所最需要的东西贬值。这就是女性的身体，因为即使是在超级自动化（superautomation）的年代，没有我们的妊娠，就不可能有任何工作或者生产。试管婴儿并不存在——我们要拒绝这个话语构型，它是对女性体外妊娠的男性探索，这也是资本尚未攻克的新领域之一。

不同形态的猎巫也是毁灭社群联系的有力手段，在邻居、朋友、爱人间注入怀疑，似乎在他们背后藏着一个别人，这个人欲求权力、性、财富，或者仅仅是想做恶事。在过去，在世界各地对资本主义的反感和对其剥削的抵制都在增长的时候，这种编造是必不可少的。此时（对资本来说）重要的是我们互相畏惧、怀疑对方的动机、与同袍相处时内心不想别的，只想我们能从他们那里得到什么，或只想他们会给我们带来什么损伤。

因此，我们必须努力去理解历史，理解猎巫活动的逻辑，理解其在我们时代存续的多种方式。因为只有通过永葆此记忆的方式，我们才能防止猎巫活动转而针对我们自己。

附：以工资反对家务劳动 *

他们说这是爱，我们说这是无偿的工作。

他们称之为性冷淡，我们称之为缺勤。

每一次流产都是一次工作事故。

同性恋和异性恋都是工作条件。

同性恋是工人对生产的控制，①而不是工作的结束。

更多的微笑？更多的收入。没有什么会如此有力地破坏微笑的疗效。

神经官能症、自杀、性冷淡：家庭主妇的职业病。

妇女在讨论家务劳动工资时的困难和含糊不清，往往

---

① 这种说法是在反对家务劳动运动中提出的，这种说法认为，同性恋者可以更自由地掌控自己的性生活，这种自由就像是工人对生产的掌控，而不是被生产所控制。——译者注

是由于将家务劳动简单地视为一件实物、一笔钱，而不是将其视为一种政治观点。这两种立场之间有着巨大的差异。将家务劳动报酬仅仅看作一件实物而不是一种观点，是将斗争的结果从斗争本身中分离出来，如此一来便没有抓住它在揭示以及颠覆资本主义社会中局限女性的角色方面的重要性。

当我们以这种简化的方式看待家务劳动时，我们就开始问自己：更多的钱可以给我们的生活带来什么？我们甚至可能同意，对于许多除了家务和婚姻之外没有选择的妇女而言，更多的钱确实会带来很大的不同。但对于我们这些看上去有其他选择——职业工作、开明的丈夫、社群式的生活、同性关系或是以上种种的组合——的人来说，更多的钱并不会带来本质的不同。对我们而言，据说还有其他实现经济独立的方式，我们最不希望的是通过认同自己是家庭主妇的方式来获得经济独立，这种命运可以说是比死亡更加可怕了。抱持这种立场的问题在于，我们总是想象在我们已经一团糟的生活中加一点钱，然后问，那又怎样？这基于一个错误的前提，即认为在我们为之奋斗的过程中，可以不通过对我们所有的家庭和社会关系进行革命而得到这笔钱。但是，如果我们将争取家务劳动的工资视为一种政治观点，就可以看到，为之奋斗的过程会在我们的生活以及我们作为女性的社会力量中产生一场革命。同样清楚的是，如果我们认为自己不"需要"这笔钱，那是因为我们接受了身体和精神卖淫的特殊形式，通过这样的形式，我们得到了钱以掩盖这一需求。正如我想要呈现的那样，争取家务劳动的工资不仅仅是一种革命性的视角，从女权主义的立场来看，**它也是唯一革命性的视角，并最终有助于整个工人阶级的革命。**

"爱的劳动"

我们必须认识到，当我们谈及家务劳动的时候，我们不是在谈及像其他工作那样的工作，而是在谈论资本主义对工人阶级所施行的最无孔不入的操纵，以及最微妙和神秘的暴力。诚然，在资本主义制度之下，每一个工人都是被控制和剥削的，并且他／她和资本的关系被完全神秘化了。工资制造了一种公平的假象：你劳有所得，如此一来你和你的老板就两清了。然而事实上，与其说工资是支付了你的劳动，不如说工资是为了隐藏那些无偿劳动带来的利润。但工资至少承认了你是一个劳动者，让你可以就工资的多少谈判，为工作的条件而斗争。拥有工资意味着成为社会契约的一部分，其意义毋庸置疑：你工作并不是因为你喜欢它，或是因为它对你而言是自然而然的，而是因为它是让你得以生存的唯一条件。然而，尽管你可能被剥削，**你并非那个工作本身**。今天你是一个邮递员，明天你是一个出租车司机，重要的只是你有多少工作要做，从中你又能拿到多少钱。

但在家务劳动这件事上，情况就有了质的不同。不同之处在于，家务劳动不仅仅被强加于妇女身上，而且它还被转变为女性生理和人格的自然属性，作为一种内在的需要、一种愿望，据说来自我们女性性格的深处。家务劳动必须被转化为一种自然属性，而不是被承认为一种社会契约，因为从一开始，就资本对于妇女的安排而言，这种工作就注定是无偿的。资本必须说服我们，这是一种自然的、不可避免的甚至是充实的活动，以让我们可以接受去做这种无偿的工作。反过来，家务劳动的无偿性也是用以强化**家务劳动不是工作**这一普遍假设的最有力的武器，从而阻止了妇女的斗争，除了那些被人看不起的，在私人领域中厨房–卧室式的争吵，从而进一步贬低了斗争的主角们，我们被看作唠唠叨叨的婊子，而不是斗争中的工人。

然而，成为家庭主妇是多么自然的事情啊，这表现在需要至少 20 年的社会化——由一个没有工资的母亲来完成这种日常的训练——才能让一个女人为这个角色做好准备，说服她，她的丈夫和孩子就是她可以从生活中期待的最好的东西。但即便如此，也很难成功，无论我们接受了多好的训练，当新婚之夜结束后，发现自己站在一个肮脏的水槽跟前时，很少有妇女不会感到自己被骗了。我们之中的许多人依然抱有幻想，认为我们是为了爱而结婚，也有很多人认识到，我们是为了金钱和安全而结婚，但现在是时候表明，婚姻中涉及的爱情和金钱很少，等待着我们的是大量的工作。这就是为什么年长的妇女总是告诉我们："在还能享受自由的时候享受自由，想买什么就买什么……"然而不幸的是，如果在生命一开始就被训练成温顺的、顺从的、依赖的，最重要的是**牺牲自己**甚至从中获得乐趣的话，那也就几乎不可能享受什么自由了。如果你不喜欢这样，那是你的问题、你的失败，你要感到愧疚，是你不正常。

　　我们必须承认，资本非常善于隐藏我们的工作，它以妇女为代价创造了一个真正的杰作，通过抵赖家务劳动的工资并将其转变为一种爱的行为，资本达到了一石二鸟的效果。首先，它以近乎没有代价的方式获得了大量的劳动，非但保证了妇女们不会与之抗争，还将其作为生命中最好的东西来追求。（有效的话术是："是的亲爱的，你是个真正的女人。"）同时，它也规训了男性劳动者，让**他的**女人依赖于**他的**工作和**他的**工资，当他在工厂和办公室给予了这么多服务之后，给了他一个仆人，让他困在这样的束缚中。事实上，我们作为女人的角色是没有工资但感到快乐，并且成为那些"工人阶级"充满爱意的仆人，那些资本被迫给予他们更多的社会权力的无产阶级。就像上帝创造夏娃是为了给亚当带来快乐一样，资本也创造了家庭主妇，从身体上、情感上以及性上为男性工人服务——养育**他的**孩子，给他补袜子，在他被资本为他保留的工作和社会关系（是一种孤独的关系）击垮时，修补他破碎的自我。正是这种身体、情感和性服务的特殊组合，在妇女必须为资本履行的角色中，形成了家庭主妇这一仆人的特殊性质，使她的工作如此繁重，又不为人所知。大多数男人得到第一份工作时就开始考虑结婚，这并不是一个偶然。这不仅因为他们现在可以负担得起，而且因为在流水线或办公桌前度过一天之后，回到家有人照顾是让你不发疯的唯一条件。每个女人都知道，为了成为一个真正的女人和拥有一段"成功"的婚姻应该做什么。在这种情况下，越是贫穷的家庭，对妇女的奴役程度也就越高，并且这不仅仅是出于经济上的原因。事实上，资本有着双重政策，一个针对中产阶级，一个针对无产阶级。也就难怪我们可以在工人阶级中发现最直接的大男子主义：男人在工作中受到的打击越多，他的妻子就必须接受训练来吸收这些打击，他就越是被允许以妻子为代价来修复自我。当你在工作中受挫或过度疲劳时，或者当你在生活的挣扎中被打败时（进工厂本身就是一种失败），你就可以打你的妻子来宣泄。男人越是要为别人服务，被人使唤，他自己就越是颐指气使。男人的家就是他的城堡……他的妻子必须学会在他喜怒无常时静静等待，在他崩溃并咒骂这个世界时让他重新振作起来，当他说"我今天太累"，或是当他做爱速度太快时转过身去——正如一位妇女说的那样，他也可以用蛋黄酱罐头做。（妇女总是能找到反击的方法，或是报复他们，但总是以孤立的和私人的方式。那么问题就是，如何将这种斗争带出厨房和卧室，带到街上去？）

以爱和婚姻之名所行的欺诈行为对我们所有人都有影响，即使我们没有结婚，因为一旦**家务劳动被完全自然化和性别化**，一旦它成为一种女性的属性，就会变成所有女性的特征。如果做某些事情是自然的，那么所有女性就会被期待着做这些事情，甚至被期待着喜欢做这些事情——即使是那些因为社会地位而能够逃避部分乃至大部分此类工作的女性（她们的丈夫可以请佣人和心理医生，或是进行其他形式的放松和娱乐活动）。我们可能不会为一个男人服务，但我们所有女性都处于和整个男性世界的主仆关系中，这就是为什么被称为女性是一件如此有损尊严的事。（"微笑，亲爱的，你怎么了？"是每个男人都觉得有权问你的一句话，无论他是你的丈夫，售票员，或是你工作上的老板。）

革命性的视角

如果我们从这样的分析出发，就可以看到争取家务劳动的工资的革命性意义。在这样的要求中，我们终结了我们的天性，我们的斗争开始了，**因为争取家务劳动的工资意味着我们拒绝声称这种工作是我们天性的表达**，因此，也就是对资本为我们创造的女性角色说不。

争取家务劳动的工资本身就会破坏社会对我们的期待，因为这些期待——我们社会化的本质——只有当我们待在家里没有报酬地劳动时才是有效的。从这个角度来说，去比较妇女对工资的要求和在工厂里的男性对更多工资的要求是荒谬的。那些带薪工人在要求加薪时挑战了他们的社会角色，但依然身处于原来的角色之中。而当我们妇女为了工资而斗争时，**我们是在毫不含糊地直接与我们的社会角色做斗争**。同样，被雇佣的工人的斗争和奴隶为了工资的斗争是有本质区别的，**因为后者是针对奴隶制的斗争**。然而应当清楚地看到，在为工资而斗争时，我们并不是为了进入资本主义关系而斗争，因为我们从来没有处在这些关系之外。我们的斗争是为了打破资本对女性的安排，这是资本通过在工人阶级中规划劳动分工和社会权力的必要手段，正是通过这种手段，资本得以维持其权力。由此，为家务劳动争取工资之所以是一项革命性的要求，不是因为它本身摧毁了资本，而是因为它对资本的攻击会迫使其以对我们更有利的方式重组社会关系，**从而更有利于阶级的联合**。事实上，要求家务劳动的工资并不意味着如果我们可以得到报酬，那么我们就继续做下去。恰恰相反，要求家务劳动的工资只是拒绝它的第一步，因为这使得我们的工作变得可见，这是开始斗争不可或缺的条件，无论是就家务本身还是就其作为女性特质隐秘的特征而言。

针对任何"经济主义"①的指责，我们应该记住，**钱就是资本，即控制劳动的权力**。因此，重新占有作为劳动果实的金钱，其中还包括我们的母亲和祖母的劳动，意味着同时削弱资本对我们强迫劳动的权力。我们应该坚信工资可以将我们的女性特质去神秘化，并让我们"作为女性特质"的工作变得可见，因为如果没有工资，塑造这种角色和使我们的工作隐形是易如反掌的。要求家务劳动的工资，就是让大家看到我们的思想、身体和情感都为了一种特定的功能，并在其中被扭曲了，然后又作为一种模式扔给我们，如果我们想要被这个社会接受为女人，我们就应该符合这样的模式。

我们争取家务劳动的工资，就是揭露这样一个事实：家务劳动已经是为资本服务的财产，资本从我们的做饭、微笑、性交中谋得了利益。同时，这也表明，这么多年来我们一直都在做饭、微笑和性交，并不是因为对我们来说这些事情更加容易，而是因为我们没有其他选择。我们的脸已经因为过多的笑容而扭曲，我们的情感已经因为过多的爱意而迷失，我们的过度性化已经让我们完全丧失了性欲。

---

① 指只顾眼前利益。——译者注

为家务劳动支付工资只是一个开始，但其传达的信息是明确的：**从现在开始，他们必须支付我们工资，因为我们作为女性的身份不再是任何事情的保证**。我们想把工作称为工作，以便于我们可以重新发现什么是爱，并且创造我们从未知晓的性（sexuality）。并且，从工作的角度来说，我们可以要求的不仅仅是一份工资，而是很多份工资，因为我们同时被迫从事多种工作。我们是女佣、妓女、护士、心理医生，这就是在"母亲节"被歌颂的"英雄"妻子的本质。我们疾呼：停止庆祝对我们的剥削，以及那所谓的英雄主义。从现在开始，我们每时每刻都要收费，如此一来就可以对其中的一些说不，进而对所有的说不。在这个方面，没有什么比表明我们的女性德性具有可计算的货币价值更有效的了，直到今天，它都只在为资本服务，以牺牲我们的方式增值。从现在起，我们要组织自己的力量，**为了我们自己**反对资本。

争取社会服务的斗争

　　这是我们可以采取的最激进的观点，因为尽管我们可以要求一切，日托、同工同酬、免费洗衣店，但除非我们从根本上攻击被赋予我们的女性角色，否则我们无法实现真正的改变。比如说，倘若我们首先不明确我们的工作是工作，我们针对社会服务的斗争——例如为了更好的工作条件——将总是受挫。我们将不会在任何时刻取得胜利，除非我们从整体上斗争。我们将在争取免费洗衣房的斗争中失败，除非我们先和这样的一个事实做斗争：除非我们不再无休止地工作，否则我们就无法去爱，这种工作日复一日地削弱我们的身体、我们的性和我们的社会关系；除非我们摆脱对我们情感的勒索，在这样的勒索中，我们对于情感的给予和接受都变成了一种工作义务来束缚我们，为此我们不断地感到对我们的丈夫、孩子和朋友的不满，并对这种不满充满愧疚之情。多年来那些在外面工作的女性可以证明，得到第二份工作也不能改变这种角色。第二份工作不仅仅增加了对我们的剥削，而且只是在不同形式上再生产了我们的角色。无论在哪里，我们都可以看到，女性所从事的工作只不过是家庭主妇工作的延伸，具有其所有的特征。也就是说，我们不仅成为护士、女佣、教师、秘书——所有这些职能我们已经在家中训练有素——我们还会在工作中遭受和那些阻碍我们在家庭中斗争的同样的束缚：孤立，其他人的生活依赖于我们，或是不可能看到我们的工作在哪里开始和结束，看不到我们的工作在哪里结束以及我们的欲望从哪里开始。给你的老板递上咖啡并和他聊他的婚姻问题是秘书的工作还是私人的喜好呢？我们在工作中担心自己的外表是工作要求还是出于女人的虚荣心呢？（直到近期，美国的女性空乘因为害怕被解雇，都要定期称重，并且不断节食——一个所有女性都知道的折磨。）正如人们常说的那样，当有偿劳动市场需要她出现在那里时，"一个女人可以在不丢失其女性气质的时候做任何工作"，直白地来说也就是，无论你做什么你仍旧是个婊子。

至于家务劳动社会化或是集体化的建议，只需要举几个简单的例子就足以在这些建议和我们的观点之间划清界限。按照我们的想法来建立日托中心是一回事，要求国家为其支付费用是另一回事。把我们的孩子交给国家，并且让国家来控制他们、规训他们、要求他们尊重美国国旗，不仅仅是 5 小时，而是 15 或 24 小时，这是完全不同的。以我们的方式组织一起吃饭（由我们自己组织、以群体的方式等），然后要求国家为此支付费用是一回事，而要求国家来组织我们吃饭则是完全走在相反的道上。在前一种情况下，我们重新获得了对自己生活的一些控制权，后一种情况下，我们扩大了国家对我们的控制权。

反对家务劳动的斗争

有些妇女会说：家务劳动的工资怎么能改变丈夫对我们的态度呢？如果他们支付我们工资，我们的丈夫不是依然期待我们完成同样的工作，甚至比以前更多吗？但是这些妇女没有看到的是，正是因为我们的工作没有报酬，他们才会对我们有这么大的期望，因为他们认为这是"女人的事"，不需要付出多少努力。男人们能接受我们的服务并从中获得乐趣，是因为他们假定了家务劳动对我们而言很轻松，我们很享受其中，因为我们是出于爱来完成的。他们实际上希望我们还心存感激，因为通过结婚或同居，他们给了我们表达自己作为女性的机会（即，为他们服务），"你很幸运，找到了像我这样的男人"。只有当男人看到了我们的工作是工作——我们的爱是工作——**并且更为重要的是，我们拒绝这两者的决心**，他们才会改变对我们的态度。当成千上万的妇女在街上说着那些没完没了的清洁，总是要给予情感的支持，因为害怕丢工作而奉命做爱是多么艰难，厌恶这些浪费我们生命的工作，男人们就会感到害怕，觉得自己身为男性被贬低了。然而从他们的立场来说，这是可以发生的最好的事情，因为通过揭露资本将我们分工的方式（资本通过我们来约束他们，通过他们来约束我们，让我们彼此相互对抗），我们——他们的支撑，他们的奴隶，他们的锁链——打开了他们自由的进程。在这个意义上，为家务劳动支付工资要比试图证明我们可以和他们做同样的工作更有教育意义。我们把这种值得付出的努力留给"职业妇女"，这些妇女不是通过团结和斗争的力量来逃离压迫，而是通过主人的力量，通常是通过压迫其他妇女的力量，来摆脱自己的压迫。并且我们无须证明我们可以"打破蓝领障碍"（break the blue collar barrier），① 我们中的很多人在很久以前就已经证明了这一点，并发现这些工作并没有带来比围裙更多的力量，有时甚至更少，因为现在我们不得不同时穿上两件衣服，与之斗争的时间和精力都变得更少。**我们要证明的是，我们有能力揭示我们已经在做的事情，资本对我们的所作所为以及我们与之斗争的力量。**

不幸的是，很多妇女，尤其是单身女性，都害怕这种

---

① 指进入被认为是男性工人从事的领域之中工作，诸如肉铺、汽修厂等。——译者注

为家务劳动支付工资的观点，因为她们害怕认同这种家庭主妇的身份，哪怕只有一秒。她们知道这是社会中最无力的地位，所以她们不想意识到自己也是家庭主妇，这正是她们的弱点，这个弱点通过缺乏自我认同而得以维持和延续。我们要，也必须说我们都是家庭主妇，我们都是妓女，我们都是同性恋，因为直到我们承认加诸我们之上的奴隶制，我们才能开始与之斗争。因为只要我们认为我们和家庭主妇是不同的，我们比她们更好，我们就接受了主人的逻辑，而主人的逻辑是分工的逻辑，于我们而言是奴隶制的逻辑。我们都是家庭主妇，因为无论我们在哪里，他们总可以指望我们做更多的工作，我们在提出要求时总心怀更多恐惧，而他们在金钱上的压力则更小，因为希望我们的心思都放在别处，放在现在或将来会"照顾我们"的那个男人身上。

而且我们还自欺欺人地以为我们可以逃避家务。但是，我们之中有多少人，尽管在外面工作但还是要做家务？而且我们真的可以如此轻易地考虑不和一个男人生活在一起吗？如果我们失去工作怎么办？当衰老使我们丧失青春（生产力）和吸引力（女性生育能力）给我们带来的哪怕是一点点的权力的时候怎么办？孩子们又怎么说呢？我们会后悔不要孩子吗？或者我们会后悔甚至没有现实地提出这个问题吗？我们可以承担同性关系吗？我们是否愿意为以上种种付出被孤立和排斥的代价呢？但是，我们又真的可以承担和男人的关系吗？

问题在于：为什么这些是我们唯一的选择？怎样的斗争才可以让我们超越这些问题？

1974 年春，纽约

---

* 本文于 1975 年 4 月由 Power of Women Collective 和 Falling Wall Press 联合出版。

参考文献

Adinkrah, Mensah. *Witches, Witchcraft and Violence in Ghana*. New York: Berghahn Books, 2015.

Agarwal, Bina. *A Field of One's Own: Gender and Land Rights in South Asia*. Cambridge: Cambridge University Press, 1994.

Amussen, S.D. "Gender, Family and the Social Order, 1560–1725." In Fletcher and Stevenson, eds. *Order and Disorder in Early Modern England*, 196–217.

Appleby, Joyce Oldham. *Economic Thought and Ideology in Seventeenth Century England*. Princeton, NJ: Princeton University Press, 1978.

Apter, Andrew H. "Atinga Revisited: Yoruba Witchcraft and the Cocoa Economy, 1950–1951." In Comaroff and Comaroff, *Modernity and Its Malcontents*, 111–128.

Arteaga, Leticia. "Pobreza, violencia y el proyecto de las madres comunitarias en Colombia." Unpublished manuscript.

Ashford, Adam. "Reflections on Spiritual Insecurity in a Modern African City (Soweto)." *African Studies Review* 41, no 3 (December 1998): 39–67.

———. *Witchcraft, Violence, and Democracy in South Africa*. Chicago: University of Chicago Press, 2005.

Astill, James. "Congo Casts Out Its 'Child Witches.'" *Guardian*, May 11, 2003.

Accessed May 7, 2018. https://www.theguardian.com/world/2003/may/11/congo.jamesastill.

Auslander, Mark. "Open the Wombs: The Symbolic Politics of Modern Ngoni Witch-Finding." In Comaroff and Comaroff, *Modernity and Its Malcontents*, 167–192.

Austen, Ralph A. "The Moral Economy of Witchcraft: An Essay in Comparative History." In Comaroff and Comaroff, *Modernity and Its Malcontents*, 89–110.

Bastian, Misty L. "'Bloodhounds Have No Friends': Witchcraft and Locality in the Nigerian Popular Press." In Comaroff and Comaroff, *Modernity and Its Malcontents*, 129–166.

Berg, Allison, dir. *Witches in Exile*. San Francisco: California Newsreel, 2005, DVD, 79 min.

Bonate, Liazzat. "Women's Land Rights in Mozambique: Cultural, Legal and Social Contexts." In L. Muthoni Wanyeki, *Women and Land in Africa*, 96–132.

Bond, George Clement, and Diane M. Ciekawi, eds. *Witchcraft Dialogues: Anthropology and Philosophical Exchanges*. International Studies, Africa Series no. 76. Athens: Ohio University Center for International Studies, 2001.

Bongmba, Elias K. "Witchcraft and the Christian Church: Ethical Implications." In Haar, *Imagining Evil*, 113–142.

Capp, Bernard. *When Gossips Meet: Women, Family, and Neighbourhood in Early Modern England*. Oxford: Oxford University Press, 2003.

Caputi, Jane, and Diana E. H. Russell. "Femicide: Sexist Terrorism against Women." In Radford and Russell, *Femicide*, 13–21.

Carey, David, Jr. and M. Gabriela Torres. "Precursors to Femicide: Guatemalan Women in a Vortex of Violence." *Latin American Research Review* 45, no. 3 (January 2010): 142–164.

Chabal, Patrick, and Jean-Pascal Daloz. *Africa Works: Disorder as Political*

Instrument. Oxford: James Currey, 1999.

Chauduri, Soma. *Witches, Tea Plantations, and Lives of Migrant Laborers in India: Tempest in a Teapot*. Lanham, MD: Lexington Books, 2013.

Ciekawy, Diane, and Peter Geschiere. "Containing Witchcraft: Conflicting Scenarios in Postcolonial Africa." *African Studies Review* 41, no. 3 (December 1998): 1–14.

Clark, Alice. *Working Life of Women in the Seventeenth Century*. London: Routledge & Kegan Paul, 1982 [1919].

Cohn, Samuel K. "Donne in piazza e donne in tribunale a Firenze nel rinascimento." *Studi Sorici* 22, no 3 (July–September 1981): 515–532.

Comaroff, Jean, and John Comaroff, eds. *Modernity and Its Malcontents: Ritual and Power in Postcolonial Africa*. Chicago: University of Chicago Press, 1993.

——, eds. *Law and Disorder in the Postcolony*. Chicago: University of Chicago Press, 2006.

——."Occult Economies and the Violence of Abstraction: Notes from the South African Postcolony." *American Ethnologist* 26, no. 2 (May 1999): 279–303.

Cornwall, Julian. *Revolt of the Peasantry, 1549*. London: Routledge & Kegan Paul, 1977.

Dalla Costa, Giovanna Franca. *The Work of Love: Unpaid Housework, Poverty and Sexual Violence at the Dawn of the 21st Century*. New York: Autonomedia, 2008.

Daly, Mary. *Gyn/Ecology: The Methaethics of Radical Feminism*. Boston: Beacon Press, 1978.

Danfulani, Umar Habila Dadem. "Anger as a Metaphor of Witchcraft: The Relation between Magic, Witchcraft, and Divination among the Mupun of Nigeria." In Haar, *Imagining Evil*, 143–184.

Deininger, Klaus. *Land Policies for Growth and Poverty Reduction: World*

Bank Policy Research Report. Washington, DC: World Bank and Oxford University Press, 2003.

Diduk, Susan. "The Civility of Incivility: Grassroots Political Activism, Female Farmers and the Cameroon State." *African Studies Review* 47, no. 2 (September 2004): 27–54.

Dovlo, Elom. "Witchcraft in Contemporary Ghana." In Haar, *Imagining Evil*, 67–112.

Ehrenreich, Barbara, and Deirdre English. *Witches, Midwives, and Nurses: A History of Women Healers.* New York: Feminist Press, 1973.

Ekine, Sokari. "Women's Response to State Violence in the Niger Delta." *Feminist Africa* 10 (2008): 67–83.

Ellis, Stephen. "Witching Times: A Theme in the Histories of Africa and Europe." In Haar, *Imagining Evil*, 31–52.

Evans, Edward Payson. *The Criminal Prosecution and Capital Punishment of Animals: The Lost History of Europe's Animal Trials.* London: William Heineman, 1906.

Fagotto, Matteo. "The Witch Hunts of India." *Friday Magazine*, September 4, 2013. Accessed May 11, 2018. http://fridaymagazine.ae/features/the-big-story/the-witch-hunts-of-india-1.1227329#.

Falquet, Jules. "De los asesinados de Ciudad Juárez al fenómeno de los feminicidios: nuevas forma de violencia contra las mujeres?" *Viento Sur*, December 30, 2014. Accessed May 11, 2018. http://vientosur.info/spip.php?article9684. Translated from French; first published as "Des assassinats de Ciudad Juárez au phénomène des féminicides: de nouvelles formes de violences contre les femmes?" *Contretemps*, October 1, 2014. Accessed May 11, 2018. https://www.contretemps.eu/des-assassinats-de-ciudad-juarez-au-phenomene-des-feminicides-de-nouvelles-formes-de-violences-contre-les-femmes/.

——."Femmes de ménage, loueuses d'utérus, travailleuses du sexe et travailleuses du care: le 'dés-amalgamage conjugal' en contexte néolibéral: libération ou nouvelle formes d'sppropriation?" Paper presented at the Coloque Internationale Travail, care et politiques sociales, débats Brésil-France, São Paulo, August 26–29, 2014.

———. "Hommes en armes et femmes 'de service': tendances néolibérales dans l'évolution de la division sexuelle du travail." *Cahiers du Genre* 40 (2006): 15–37.

Fanon, Frantz. *The Wretched of the Earth.* New York: Grove Press, 1963.

Federici, Silvia. *Caliban and the Witch: Women, the Body and Primitive Accumulation.* Brooklyn: Autonomedia, 2004.

———. *Revolución en punto cero. Trabajo doméstico, reproducción y luchas feministas.* Madrid: Traficantes de sueños, 2013. Translated from English; first published as *Revolution at Point Zero: Housework, Reproduction, and Feminist Struggle.* Oakland: PM Press, 2012.

———. "Witch-Hunting, Globalization and Feminist Solidarity in Africa Today." *Journal of International Women's Studies* 10, no.1 (2008): 21–35.

Fisiy, Cyprian F. "Containing Occult Practices: Witchcraft Trials in Cameroon." *African Studies Review* 41, no. 3 (December 1998): 143–163.

Fletcher, Anthony, and John Stevenson, eds. *Order and Disorder in Early Modern England.* Cambridge: Cambridge University Press, 1986.

Gengenbach, Heidi. "'I'll Bury You in the Border!' Land Struggles in Post-war Facazisse (Magude District), Mozambique." *Journal of Southern African Studies* 24, no. 1 (March 1998): 7–36.

Geschiere, Peter, and Francis Nyamnjoh. "Witchcraft in the 'Politics of Belonging.'" *African Studies Review* 41, no. 3 (December 1998): 69–91.

Grant, Jaime M. "Who's Killing Us?" In Radford and Russell, *Femicide,* 145–60.

Haar, Gerrie ter, ed. *Imagining Evil: Witchcraft Beliefs and Accusations in Contemporary Africa.* Trenton, NJ: Africa World Press, 2007.

Hari, Johann (2009). "Witch Hunt: Africa's Hidden War on Women."

Independent, March 11, 2009. Accessed May 8, 2018. https://www.independent.co.uk/news/world/africa/witch-hunt-africas-hidden-war-on-women-1642907.html.

Hester, Marianne. "Patriarchal Reconstruction and Witch Hunting." In *Witchcraft in Early Modern Europe: Studies in Culture and Belief*, edited by Jonathan Barry, Marianne Hester, and Gareth Roberts, 288–306. Cambridge: Cambridge University Press, 1996.

Hinfelaar, Hugo F. "Witch-Hunting in Zambia and International Illegal Trade." In Haar, *Imagining Evil*, 229–246.

Holmes, Clive. "Women: Witnesses and Witches." *Past and Present* 140, no. 1 (August 1993): 45–78.

Howell, Martha C. *Women, Production and Patriarchy in Late Medieval Cities*. Chicago: University of Chicago Press, 1986.

Johansen, Jens Christian V. "Denmark: The Sociology of Accusations" In *Early Modern European Witchcraft: Centres and Peripheries*, edited by Bengt Ankarloo and Gustav Henningsen, 339–266. Oxford: Clarendon, 1992.

Johnson, Holly, Natalia Ollus, and Sami Nevala. *Violence against Women: An International Perspective*. New York: Springer Science and Business Media, 2008.

Karim, Lamia. *Microfinance and Its Discontents: Women in Debt in Bangladesh*. Minneapolis: Minnesota University Press, 2011.

Klaits, Joseph. *Servants of Satan: The Age of the Witch Hunts*. Bloomington: Indiana University Press, 1985.

Kumar, Radha. *The History of Doing: Illustrated Account of Movements for Women's Rights and Feminism in India 1800–1990*. London: Verso, 1997.

LaFraniere, Sharon. "African Crucible: Cast as Witches then Cast Out." *New York Times*, November 15, 2007. Accessed May 8, 2018. https://www.nytimes.com/2007/11/15/world/africa/15witches.html.

L'Estrange Ewen, C. *Witch-Hunting and Witch Trials: The Indictments for*

Witchcraft from the Records of 1373 Assizes Held for the Home Circuit AD 1559–1736. London: Kegan Paul,Trench, Trubner & Co., 1929.

Le Sueur, Meridel. *Women on the Breadlines.* 2nd rev. ed. New York: West End Press, 1984 [1977].

Levin, Dan. "A Chilling Journey along Canada's Highway 16." *New York Times*, May 26, 2016. Accessed May 8, 2018. https://www.nytimes.com/2016/05/26/insider/a-chilling-journey-along-canadas-highway-16.html.

———. "Dozens of Women Vanish on Canada's Highway of Tears, and Most Cases Are Unsolved." *New York Times*, May 24, 2016. Accessed May 9, 2018. https://www.nytimes.com/2016/05/25/world/americas/canada-indigenous-women-highway-16. html?mtrref=www.google.ca.

Linebaugh, Peter. *The Magna Carta Manifesto: Liberties and Commons for All.* Berkeley: University of California Press, 2008.

Macfarlane, Alan. *Witchcraft in Tudor and Stuart England: A Regional and Comparative Study.* New York: Harper & Row,1970.

Manji, Ambreena. *The Politics of Land Reform in Africa: From Communal Land to Free Markets.* London: Zed Books, 2006.

McVeigh, Tracy. "Children Are Targets in Nigerian Witch Hunt." *Guardian,* December 9, 2007. Accessed May 7, 2018. https://www.theguardian.com/world/2007/dec/09/tracymcveigh.theobserver.

Meintjes, Sheila, Anu Pillay, and Meredeth Turshen, eds. *The Aftermath: Women in Post-conflict Transformation.* London: Zed Books, 2001.

Merchant, Carolyn. *The Death of Nature: Women, Ecology and the Scientific Revolution.* San Francisco: Harper & Row, 1983.

Meyer, Birgit. "The Power of Money: Politics, Occult Forces, and Pentecostalism in Ghana." *African Studies Review* 41, no. 3 (December 1998): 15–37.

Midnight Notes Collective. *The New Enclosures. Midnight Notes* no. 10 (1990). Accessed June 13, 2018. https://libcom.org/files/mn10-new-enclosures.pdf.

Mies, Maria. *Patriarchy and Accumulation on a World Scale*. London: Zed Books, 2014 [1986].

Miguel, Edward. "Poverty and Witch Killing." *Review of Economic Studies* 72, no. 4 (October 2005): 1153–1172.

Moser, Caroline O.N., and Fiona C. Clark. *Victims, Perpetrators or Actors? Gender, Armed Conflict and Political Violence*. London: Zed Books, 2001.

Muchembled, Robert. *Culture populaire et culture des élites dans la France moderne (XVe–XVIIIe): Essai*. Paris: Flammarion, 1978.

Mutungi, Onesmus K. *The Legal Aspects of Witchcraft in East Africa: With Particular Reference to Kenya*. Nairobi: East Africa Literature Bureau, 1977.

Niehaus, Isak A. "The ANC's Dilemma: The Symbolic Politics of Three Witch-Hunts in the South African Lowveld." *African Studies Review* 41, no. 3 (December 1998): 93–118.

Niehaus, Isak A., with Eliazaar Mohala and Kelly Shokane. *Witchcraft, Power, and Politics: Exploring the Occult in the South African Lowveld*. London: Pluto Press, 2001.

Nuwer, Rachel. "Women Shut Down Deadly Witch-Hunts in India (Yes, That Still Happens)." *Smithsonian.com*, September 5, 2012. Accessed June 13, 2018. https://www.smithsonianmag.com/smart-news/women-shut-down-deadly-witch-hunts-in-india-yes-that-still-happens-26095379/.

Offiong, Daniel A. *Witchcraft, Sorcery, Magic and Social Order among the Ibibio of Nigeria*. New Haven, Enugu: Fourth Dimension Publishing, 1991.

Ogembo, Justus M. *Contemporary Witch-Hunting in Gusii, Southwestern Kenya*. Lewiston, NY: Edwin Mellen Press, 2006.

Okamba, Louis. "Saving the Elderly from Prejudice and Attacks."*African Agenda* 2, no. 2 (1999).

Olivera, Mercedes, ed. *Violencia feminicida en Chiapas: razones visibles y ocultas de nuestras luchas, resistencias y rebeldias*. Chiapas: Universidad de Ciencias y Artes de Chiapas—Centro de Derechos de la Mujer de

Chiapas, 2008.

Oyěwùmí, Oyèrónké, ed. *African Women and Feminism: Reflecting on the Politics of Sisterhood*. Trenton, NJ: Africa World Press, 2003.

Palmer, Karen, *Spellbound: Inside West Africa's Witch Camps*. New York: Free Press, 2010.

Parish, Jane. "From the Body to the Wallet: Conceptualizing Akan Witchcraft at Home and Abroad." *Journal of the Royal Anthropology Institute* 6, no. 3 (September 2000): 487–500.Accessed June 13, 2018. http://www.urbanlab. org/articles/Parish,%20Jane%202000%20From%20the%20body%20to%20 the%20wallet.pdf.

Pels, Peter. "The Magic of Africa: Reflections on a Western Commonplace." *African Studies Review* 41, no. 3 (December1998): 193–209.

Petraitis, Richard. "The Witch Killers of Africa." *The Secular Web*, 2003. Accessed May 4, 2018. https://infidels.org/library/modern/richard_petraitis/ witch_killers.html.

Pirela, Miguel Perez. "Asesinan a supuestas brujas en Tanzania por 'impotencia sexual.'" *Telesur,* October 17, 2014. Accessed May 8, 2018. https://www. telesurtv.net/news/Asesinan-a-supuestas-brujas-en-Tanzania-por-provocar- impotencia-sexual-20141017-0013.html.

Radford, Jill, and Diana E. H. Russell, eds. *Femicide: The Politics of Woman Killing*. New York: Twayne Publishers, 1992.

Rice, Nicole R., and Margaret Aziza Pappano. *The Civic Cycles: Artisan Drama and Identity in Premodern England*. Notre Dame, IN: University of Notre Dame Press, 2015.

Roberts, Dorothy. *Killing the Black Body: Race, Reproduction, and the Meaning of Liberty*. New York: Vintage Books, 2016 [1997].

Rowlands, Samuel. *Tis Merrie When Gossips Meete*. London: Iohn Deane, 1609.

Ruggiero, Guido. *Binding Passions: Tales of Magic, Marriage, and Power at the End of the Renaissance*. New York: Oxford University Press, 1993.

Russell, Diana E. H., and Candida Ellis. "Annihilation by Murder and by the Media: The Other Atlanta Femicides." In Radford and Russell, *Femicide*, 161–162.

Russell, Diana E. H., and Nicole Van de Ven, eds. *Crimes against Women: Proceedings of the International Tribunal*. 3rd ed. Berkeley: Russell Publications, 1990 [1976].

Segato, Rita Laura. *La escritura en el cuerpo de las mujeres asesinadas en Ciudad Juárez: territorio, soberanía y crímenes de segundo estado*. Mexico City: Universidad del Claustro de Sor Juana, 2006.

——. *Las nuevas formas de la guerra y el cuerpo de las mujeres*. Puebla: Pez en el Árbol, 2014.

Shepard, Alexandra. "Poverty, Labour and the Language of Social Description in Early Modern England." *Past Present* 201, no. 1 (November 2008): 51–95.

Soumya, Savvy. "Film on Witches Casts a Spell—Documentary Features in the Nomination List of Magnolia Award." *Telegraph*, May 12, 2005. Accessed June 13, 2018. https://www.telegraphindia.com/1050512/asp/jharkhand/story_4722935. asp.

Sublette, Ned, and Constance Sublette. *The American Slave Coast: The History of the Slave-Breeding Industry*. Chicago: Lawrence Hill Books, 2016.

Thomas, Keith. *Religion and the Decline of Magic*. New York: Charles Scribner's Sons, 1971.

Turshen, Meredeth. "The Political Economy of Rape: An Analysis of Systematic Rape and Sexual Abuse of Women During Armed Conflict in Africa." In Moser and Clark, *Victims, Perpetrators or Actors?*, 55–68.

Turshen, Meredeth, and Clotilde Twagiramariya, eds. *What Do Women Do in Wartime? Gender and Conflict in Africa*. London: Zed Books, 1998.

Ulekleiv, Line, ed. *Steileneset Memorial: To the Victims of the Finnmark Witchcraft Trials*. Oslo: Forlaget Press, 2011.

Underdown, D. E. "The Taming of the Scold: The Enforcement of Patriarchal

Authority in Early Modern England." In Fletcher and Stevenson, *Order and Disorder in Early Modern England*, 116–136.

Van Binsbergen, Wim. "Witchcraft in Modern Africa as Virtualized Boundary Condition of the Kinship Order." In Bond and Ciekawy, *Witchcraft Dialogues*, 212–262.

Vine, Jeremy. "Congo Witch-Hunt's Child Victims." *BBC Online*, December 22, 1999. Accessed May 7, 2018. http://news.bbc.co.uk/2/hi/africa/575178.stm.

"Violencia contra las Mujeres: una herida abierta en Oaxaca: 371 feminicidios ¿dónde está la justicia? 2004–2011." *Recuento ciudadano*, November 2011. Accessed June 9, 2018. https://issuu.com/consorciooaxaca/docs/herida-abierta-informe-oaxaca.

Wanyeki, L. Muthoni, ed. *Women and Land in Africa: Culture, Religion and Realizing Women's Rights*. London: Zed Books, 2003.

White, Luise. *Speaking with Vampires: Rumor and History in Colonial Africa*. Berkeley: University of California Press, 2000.

Wiesner, Merry. "Women's Response to the Reformation." In *The German People and the Reformation*, edited by R. Po-Chia Hsia, 148–172. Ithaca, NY: Cornell University Press, 1988.

"'Witches' Burnt to Death in Kenya," *BBC News*, May 21, 2008. Accessed June 2018. http://news.bbc.co.uk/2/hi/africa/7413268.stm.

World Bank. *World Development Report 2008: Agriculture for Development*. Washington, DC: International Bank for Reconstruction and Development/ World Bank, 2007. Accessed May 9, 2018. https://siteresources.worldbank.org/INTWDR2008/Resources/WDR_00_book.pdf.

Wright, Louis B. *Middle-Class Culture in Elizabethan England*. Ithaca, NY: Cornell University Press, 1965 [1935].

Wright, Thomas. *A History of Domestic Manners and Sentiments in England during the Middle Ages*. London: Chapman and Hall, 1862.

守望思想　　逐光启航

对女性的恐惧：女巫、猎巫和妇女

[意]西尔维娅·费代里奇 著

陈超颖 译

丛书主编　谢　晶　张　寅　尹　洁
责任编辑　张婧易
营销编辑　池　淼　赵宇迪
装帧设计　崔晓晋

出版：上海光启书局有限公司
地址：上海市闵行区号景路 159 弄 C 座 2 楼 201 室　201101
发行：上海人民出版社发行中心
印刷：上海盛通时代印刷有限公司
制版：南京展望文化发展有限公司

开本：850mm×1168mm　　1/32
印张：5.625　字数：84,000　插页：2
2023 年 7 月第 1 版　2025 年 5 月第 4 次印刷
定价：65.00 元
ISBN：978-7-5452-1980-7 / D·2

图书在版编目 (CIP) 数据

对女性的恐惧：女巫、猎巫和妇女 /（意）西尔维
娅·费代里奇著；陈超颖译 . —上海：光启书局，
2023（2025.05 重印）
书名原文：Witches, Witch-Hunting and Women
ISBN 978-7-5452-1980-7

Ⅰ.①对… Ⅱ.①西… ②陈… Ⅲ.①妇女运动－历
史－研究－世界 Ⅳ.① D441.9

中国国家版本馆 CIP 数据核字（2023）第 073288 号

本书如有印装错误，请致电本社更换 021-53202430